Rathmer Bernhard

Von Gott und Menschen sprechen

AF666907

Rathmer Bernhard

Von Gott und Menschen sprechen

fragen -trösten - ermutigen

Fromm Verlag

Impressum/Imprint (nur für Deutschland/ only for Germany)
Bibliografische Information der Deutschen Nationalbibliothek: Die Deutsche Nationalbibliothek verzeichnet diese Publikation in der Deutschen Nationalbibliografie; detaillierte bibliografische Daten sind im Internet über http://dnb.d-nb.de abrufbar.
Alle in diesem Buch genannten Marken und Produktnamen unterliegen warenzeichen-, marken- oder patentrechtlichem Schutz bzw. sind Warenzeichen oder eingetragene Warenzeichen der jeweiligen Inhaber. Die Wiedergabe von Marken, Produktnamen, Gebrauchsnamen, Handelsnamen, Warenbezeichnungen u.s.w. in diesem Werk berechtigt auch ohne besondere Kennzeichnung nicht zu der Annahme, dass solche Namen im Sinne der Warenzeichen- und Markenschutzgesetzgebung als frei zu betrachten wären und daher von jedermann benutzt werden dürften.

Coverbild: www.ingimage.com

Contact:
International Book Market Service Ltd., 17 Rue Meldrum, Beau Bassin, 1713-01 Mauritius
Website: www.bookmarketservice.com
Email: info@bookmarketservice.com

Gedruckt in: USA, UK, Deutschland. Dieses Buch wurde nicht in Mauritius produziert.

Imprint (only for USA, GB)
Bibliographic information published by the Deutsche Nationalbibliothek: The Deutsche Nationalbibliothek lists this publication in the Deutsche Nationalbibliografie; detailed bibliographic data are available in the Internet at http://dnb.d-nb.de.
Any brand names and product names mentioned in this book are subject to trademark, brand or patent protection and are trademarks or registered trademarks of their respective holders. The use of brand names, product names, common names, trade names, product descriptions etc. even without a particular marking in this works is in no way to be construed to mean that such names may be regarded as unrestricted in respect of trademark and brand protection legislation and could thus be used by anyone.

Cover image: www.ingimage.com

Contact:
International Book Market Service Ltd., 17 Rue Meldrum, Beau Bassin, 1713-01 Mauritius
Website: www.bookmarketservice.com
Email: info@bookmarketservice.com

Copyright © 2011 by the author and Fromm Verlag and licensors
All rights reserved. Beau-Bassin 2011

Printed in: U.S.A., U.K., Germany. This book was not produced in Mauritius.

ISBN: 978-3-8416-0097-4

Inhaltsverzeichnis

Jahreskreis

Vorwort

Wir versuchen es immer wieder, das Wort zu ergreifen und die Frohe Botschaft, das Evangelium als Botschaft für Menschen heute zu verkünden. Vielfach nur ein kläglicher Versuch und doch auch immer wieder die Möglichkeit Menschen anzusprechen, ihnen Türen zu öffnen und Mut zu machen, weil Gottes Wort und Tun ebenso an uns Menschen heute gerichtet ist, wie an Generationen vor uns. Die Botschaft der Bibel macht uns frei und unabhängig, sie nimmt uns gleichzeitig mit hinein in die große Verantwortung für uns und andere.

So sind die hier aufgeschriebenen Predigten entstanden im Hören auf das Wort Gottes, im Hören auf die eigene innere Stimme und auf das, was die Menschen in meiner Umgebung bewegt. Diese umfassende Kommunikation und Reflexion braucht der christliche Glaube heute, damit er zur frohmachenden Botschaft wird. Die Gespräche mit den vielen Menschen, die ich im Alltag als Krankenhausseelsorger in der Mathias-Stiftung, als Lehrer und Supervisor erlebe, sind neben der Bibel und der eigenen Wahrnehmung, meine Glaubensbasis.

Von daher bin ich den vielen Menschen dankbar, die mich stützen und kritisch anfragen, die mich herausfordern und die mir helfen meinen Weg zu finden. Deshalb möchte ich an dieser Stelle Danke sagen. Danke den vielen Patienten und deren Angehörigen, die mich eingelassen haben in ihr Leben und ihre Sorgen. Danke den Schwestern und Pflegern, wie auch den Ärztinnen und Ärzten auf den Stationen des Mathias-Spitals, die immer wieder Fragen stellen, mich fordern und die mir helfen zu verstehen was Menschen bewegt. Danke auch den Clemensschwestern und meinen Kolleginnen, die mich in meiner Arbeit als Seelsorger Stützen und begleiten. Ich danke besonders meiner Frau und meinen Kindern die ihr Leben mit mir teilen mit allem was uns gemeinsam in Atem hält.

Sie haben alle dazu beigetragen, dass so mancher wage Gedanke zum Verkündigungstext werden konnte und hoffentlich dann wieder Anlass war neu über die Bedeutung unseres Glaubens für den ganz normalen Alltag und den ganz normalen Wahnsinn nachzudenken und sich zu orientieren.

Bernhard Rathmer

Advents- und Weihnachtszeit

Gott in der Wüste finden

2. Sonntag der Adventszeit Lesejahr B
Schrifttexte: **Lesung: Jes. 40,1-5.9-11** Evangelium: Mk 1,1-8

Liebe Mitchristinnen und Mitchristen,

von Träumen und Visionen, vom Trost in der Zuversicht auf eine gute Zukunft ist die Rede im Bibeltext der Lesung. Geschichten über das Volk Israel werden erzählt, Geschichten, die zweieinhalbtausend Jahre alt sind. Wir erzählen sie uns noch heute, konkret an diesem 2. Advent, weil wir daran glauben: Wir sind in diese Geschichten verwickelt, auch von uns ist hier die Rede.

Mitten in einer der großen Katastrophen des Volkes Israel, während der Babylonischen Vertreibung, während des 50-jährigen Exils in Babylon, während des Lebens als Vertriebene in der Fremde, da entstehen Hoffnungstexte des zweiten Jesaja, um ca. 550 vor Christus. Ein Volk ist am Ende – Menschen, die daran geglaubt haben und daran glauben: Für unsere Lebensgeschichte interessiert sich Gott. In unserer Lebensgeschichte schreibt Gott seine Rettungs- seine Heilsgeschichte mit den Menschen. Dieses kleine Volk, das im Schnittpunkt der Weltmächte, Ägypten, Babylon, Assyrien, lebt, hat einen fast größenwahnsinnigen Gottesglauben: Gott lässt sich, beispielhaft für andere, gerade auf uns ein. Und dieses Volk ist am Ende, zerschlagen, vertrieben, nur noch wenige sind sie, die in einem fremden Volk, in einer anderen Kultur und Religion unterzugehen drohen. Und in der Katastrophe der eigenen Geschichte droht der Glaube an Gott unterzugehen.

Wenn wir die Ausgangssituation dieses Jesaja-Textes so wahrnehmen: wie kann man mitten in der eigenen Unheilsgeschichte an einen Gott der Heilsgeschichte glauben?

Wie kann man mitten in der Bedrohung des Lebens an einen Gott des Lebens glauben? Mit dieser Frage beginnt der Text auch in meinem Leben zu sprechen. Auch von uns spricht Jesaja.

Hoffentlich haben Sie Zeit oder nehmen Sie sich die Zeit, die Einladung des Advents zu hören und ihr nachzukommen. Und diese Einladung lautet: Lassen Sie sich ein auf Ihr Leben, auf Ihre Lebensgeschichte, auf Ihre Familiengeschichte, auf die Frage: Hat Gott mit meinem Leben zu tun? Wo lässt Er sich suchen? Wo kann ich Ihn finden? Wo wartet Er auf mich?

Meine Lebensgeschichte als Geschichte Gottes mit mir! Ist dies für mich eine Frage? Eine Sehnsucht meines Lebens? Eine längst nicht mehr wahrgenommene Herausforderung meines Glaubens? Nachklang eines untergegangenen Glaubens?

Und wenn beim Volk Israel gerade die Katastrophe der Hintergrund und der Ansatz für eine neue Zuversicht und neuen Glauben war, wenn mitten in der Bedrohung von Leben die Hoffnung auf Leben in der Zukunft entstand! Wenn gerade in der Trostlosigkeit die Sehnsucht nach Trost wieder aufgebrochen ist!

Habe ich dann den Mut, mich der Bedrohung und der Lebendigkeit meines Lebens zu stellen? Kann ich dann katastrophale Situationen in meinem Leben, in meiner Lebens-Geschichte, in der eigenen Familien-Geschichte, in unserer gesellschaftlichen Situation, kann ich da bedrohende, zerstörerische, katastrophale Situationen, Verhalten, Gewohnheiten, Abhängigkeiten, Zwänge anschauen, sie in den Blick nehmen, mich ihnen stellen?

Und da taucht im Text die Wüste als Ort der Bedrohung auf, denn in der Wüste ist das Leben keinesfalls einfach und als Ort der Sehnsucht, denn in der Wüste wird der Wunsch nach Leben um so lebendiger.

"Bahnt für Gott einen Weg durch die Wüste!" heißt es in unserem Text. Erkennt in eurem Leben unter dem Sinnbild der Wüste Gott. Wenn ihr in eurem Leben Gott zulasst – wenn ihr in eurem verwüsteten Leben einen Weg freischaufelt für das Leben, dann zeigt sich Gott als der Gott des Lebens. Dann wirst du ein glaubwürdiger Zeuge der Freude sein, heißt es weiter bei Jesaja – fürchte dich doch nicht. Sag es den Menschen, bezeug es durch dein Leben: „Seht, da ist euer Gott, mitten in eurem Leben."

Noch heute erzählen Juden und Christen einander diese Vision neuen Lebens mitten in aller Bedrohung, Trost in der Trostlosigkeit, im Glauben daran, dass hier von jedem von uns die Rede ist, im Glauben an den Gott des Lebens: ***"Fürchte dich nicht, ich bin bei dir."***

Träume – mehr als Schäume

4. Sonntag der Adventszeit Lesejahr A
Schrifttexte: Lesung: Jes. 7,10-14 **Evangelium: Mt. 1,18-24**

Liebe Mitchristinnen und Mitchristen,

eigentlich ein ganz handfester Kerl, dieser Josef, Zimmermann aus Nazareth. Wie Holz zu bearbeiten ist, davon versteht er einiges. Er hat wahrscheinlich auf manchen Baustellen gestanden und so manche Stunde in seiner Werkstatt verbracht. Von harter Arbeit versteht er etwas.

Was bleibt ihm anderes übrig in dieser Situation. Maria, seine Verlobte ist schwanger, aber nicht von ihm. Er kann sie nicht heiraten. So nicht. Das geht gegen seine Ehre und was soll man auch von einer Frau halten, die von einem anderen schwanger wird. Nein eine Ehe ist so wohl nicht möglich.

Aber sie einfach bloßstellen und damit der öffentlichen Kritik und Verfolgung aussetzen möchte er Maria ebenso nicht. Maria ist doch anders. Er will sich in aller Stille von ihr trennen.

So wird es möglich sein. Aber!

Es scheint, dass er mit seiner Entscheidung noch nicht ganz fertig ist, noch nicht ganz mit ihr im Reinen ist.
Ist es richtig was ich tue?
Kann ich Maria im Stich lassen?
Vom wem hat sie dieses Kind?
Was empfinde ich für Maria?
Was kommt auch jetzt auf sie zu?

Darüber schläft Josef ein. Er nimmt seine Gedanken und Überlegungen mit ins Bett, wie wir es sagen.

Und dann, im Traum tut sich etwas ganz Neues auf. Im Traum erscheint ein Engel und Josef erfährt, was es mit Maria und mit dem Kind, was sie erwartet auf sich hat, und der Engel sagt ihm, das er keine Angst haben soll Maria zu heiraten.

Es ist schon allerhand, das sich dieser handfeste Mann, dieser Zimmermann Josef aus Nazareth auf Träume einlässt.
Träume sind Schäume. Man kann sie nicht für bare Münze nehmen, schon gar nicht anfangen danach zu handeln. Was soll daraus werden?

Geht es uns nicht eher so! Aufgrund eines Traumes stellt niemand von uns sein ganzes Leben auf den Kopf und lässt sich auf eine fremde Sache ein.

Und doch, Träume sind unendlich wichtig. Sie halten unsere Seele oder auch Psyche im Gleichgewicht. Ohne unsere Träume ging es uns schlecht. Jeder Mensch träumt in der Nacht und unsere Träume sagen etwas über uns, unser Befinden, unsere Sorgen und unsere Freuden aus. Aus einer eigenen psychoanalytischen Begleitung weiß ich um die wichtige und heilende Wirkung von Träumen.

In unseren Träumen sind wir Menschen ganz bei uns, kommen wir uns selber auf die Spur, erfahren die Themen die uns angehen. Häufig nicht so einfach sondern in wirren Bildern, aber eben doch hilfreich. Ohne unsere Träume würden wir alle krank werden. Wir erledigen in den Träumen viele unserer unerledigten Geschäfte.

Ich bin von diesem Josef fasziniert, dass er seinen Traum nicht einfach als Unsinn beiseite schiebt und handelt wie er es sich vorgenommen hat, sondern auf seine Fragen und Zweifel und auf seinen Traum achtet und das was er sich vorgenommen hat verändert.

Für die Aussage, dass Gott im Traum zu Josef spricht, steht der Engel. Durch diesen Traum vom Engel ist Josef bereit seinen Traum als Botschaft Gottes an ihn anzunehmen.

So entsteht neues Leben, und Gott ist mit uns. Der Immanuel.

Gott lässt sich auf unsere Widersprüche ein

1. Sonntag nach Weihnachten Lesejahr B
Schrifttexte: Lesung: Sir. 3.2-6.12-14 **Evangelium: Lk. 2, 41-52**

Liebe Mitchristinnen und Mitchristen,

was haben Sie sich insgeheim gedacht, als sie die heutige Evangelienstelle gehört haben?

Da ist ein Junge von etwa zwölf Jahren mit auf dem Weg zum Paschafest nach Jerusalem und zurück. Von Nazareth sind das ca. 3 Tage Fußmarsch, die Menschen zur damaligen Zeit in kleineren oder größeren Pilgergruppen gemeinsam zurücklegten. In Jerusalem selber war unendlich viel los. Alle möglichen Leute waren da, auch aus ganz verschiedenen Ländern. Wahrscheinlich ist das ganze ein Ereignis auf das man sich freut und von dem man froh ist wenn man es gut hinter sich gebracht hatte.

Auf dem Rückweg wird man sich wahrscheinlich viel erzählen, ist müde und froh bald zu Hause zu sein.

Jesus war mit seinen Eltern dabei. Und plötzlich merken die Eltern, der Junge ist gar nicht mehr da. Wo steckt er? Sie fragen nach. Niemand hat ihn gesehen! Vielleicht hat sich bei Maria und Josef ein Wechsel von Sorge und Wut breitgemacht. Aber es bleibt ihnen nichts übrig, sie müssen ihn suchen und da er in der großen Gruppe nicht zu finden ist, machen sie sich zurück auf den Weg nach Jerusalem. Eine sehr beschwerliche und manchmal, so allein, auch keine ungefährliche Sache.

Was hätten Sie als Eltern oder auch Großeltern gedacht, wenn sich ein zwölfjähriger auf einmal derart selbständig macht? Drei Tage suchen sie ihn.

Und aus Marias Wort klingen dann auch Erleichterung, Erschöpfung aber ebenso eine große Enttäuschung und Ärger mit: „Kind, wie konntest du uns das antun? Dein Vater und ich haben dich voll Angst gesucht.“

Warum erzählt Lukas diese kleine Episode, in der dann so viel auch nicht passiert, oder doch?

Es deutet sich schon hier etwas von dem an, was für seine Familie, seine Freunde und für viele Menschen die ihn kennen, ihr Leben mit ihm bestimmt. Es ist nicht so ganz einfach mit diesem Jesus, er bewegt sich immer irgendwie am Rand, geht

Wege und knüpft Beziehungen, die so nicht üblich waren und sind. Er ist nie ganz greifbar und ebenso nach unseren Maßstäben nicht berechenbar.

Und er selber, er scheint erstaunt zu sein, dass andere das als schwierig ansehen: „Wusstest ihr denn nicht...“ so seine Antwort auf Marias Einlassungen.

Wir haben heute nach einer langen Tradition katechetischer und predigtmäßiger Auslegung gelernt die Spitzen so mancher Geschichten einzuebnen. Er ist eben Gottes Sohn ist dann die Erklärung dafür, das wir etwas nicht verstehen oder Widersprüche und Widerstände aufgehoben oder geglättet werden sollen.

Für Maria scheint sich aber schon in dieser Begebenheit anzudeuten, was auf sie zukommt und das dies für sie nicht einfach sein wird. Jesu Leben und Botschaft lässt sich, ausgehend von der Geburt in einer Krippe, auf uns Menschen, auf alle die Hoch- Tief- und Knickpunkte ein. Dies heißt aber gerade nicht, dass es damit unseren momentanen Erwartungen und Wünschen entspricht, sondern wohl viel eher, dass es gerade unsere Uneindeutigkeit aufnimmt.

Es sind vielleicht gerade die Unklarheiten und Widersprüche unseres Lebens und des Lebens Jesu, die uns Wichtiges deutlich machen. So machen viele Menschen gerade in einer Krankheit die Erfahrung, dass sie beginnen über ihr Leben und dessen Sinn und Ziel nachzudenken oder dass sie erfahren wie gern sie leben oder wie sehr sie sich mit anderen verbunden fühlen.

So machen wir gerade in der Familie die Erfahrung, dass Enttäuschung und Liebe ganz eng beieinander liegen, das Streit und füreinander da sein für die gleichen Menschen gilt.

Auf dieses widersprüchliche menschliche Leben lässt Gott sich ein.

Fasten- und Osterzeit

Freiheit, die sich lohnt

1. Fastensonntag Lesejahr C
Schrifttexte: **Lesung: Dtn. 26,4-10** Evangelium: Lk 4, 1-13

Liebe Mitchristinnen und Mitchristen,

40 Jahre Wüstenwanderung liegen hinter dem Volk Israel. Eine anstrengende Zeit, eine Zeit vieler Entbehrungen, eine Zeit großer Anfechtungen, eine Zeit, in der sie ein Ziel vor Augen hatten, eine Zeit in der sie ihr Ziel immer wieder vergaßen, eine Zeit, in der ihnen der Glaube an Gott verloren ging, eine Zeit, in der sie sich in die Sicherheit, die Ägypten ihnen bot zurücksehnten, eine Zeit in der sie immer wieder zu Gott zurückfanden.

Es ist kein Sparziergang sich aus der Knechtschaft, aus Abhängigkeit und Unterdrückung zu befreien. Da passiert es, dass man lieber wieder zurück will in die alten Sicherheiten, auch wenn sie bedeuten, dass das Leben von anderen bestimmt wird.

Es ist die Erfahrung, die ein Kind macht, das seine ersten Schritte geht und hinfällt. An der Hand der Mutter ist das Leben sicherer und einfacher, aber nur wer loslässt kann entscheiden wohin er gehen möchte.

Es ist die Erfahrung des Jugendlichen, der beginnt selber zu entscheiden und sich richtig und falsch entscheiden kann und wie es so schön heißt sein Lehrgeld zahlen muss. Vieles war vorher einfacher, als Eltern, Großeltern oder Lehrer alles für einen regelten was zu entscheiden und zu tun war; aber es war eben nicht das Eigene, die eigene Entscheidung, die eigene Idee vom Leben, die umgesetzt wurde.

Es ist die Erfahrung von Eltern, die ihre Kinder eigene Wege gehen lassen müssen, obwohl sie doch noch Vieles regeln möchten und vielleicht mit erleben müssen, dass ihre Kinder schmerzhafte Erfahrungen machen. Aber nur so können Kinder zu eigenständigen und erwachsenen Menschen werden.

Es ist auch die Erfahrung im Alter, wenn Dinge, die lange im Leben selbstverständlich und wichtig waren auf einmal losgelassen werden müssen, damit anderes an diese Stelle rücken kann. Wer immer alles mitnehmen will, bricht zuletzt unter der Last zusammen.

Es ist die Erfahrung von Menschen, die in Abhängigkeit und Unterdrückung leben und immer mehr spüren, das hier ist nicht mein Leben, das ist bestenfalls für mich gelebtes Leben, das ich so nicht möchte. Dieses Gefühl gelebt zu werden trifft Menschen im Kleinen, es ist auch das Gefühl von ganzen Bevölkerungsgruppen und Nationen. Ohne eine Sehnsucht nach Freiheit wäre auch der Fall der Mauer und wären die vielen Umwandlungen im Osten Europas nicht möglich gewesen.

Und hängen nicht auch heute viele Konflikte damit zusammen, dass Menschen meinen anderen ihr Recht auf Freiheit vorenthalten?

Diese Sehnsucht nach Freiheit, diese Sehnsucht aus Abhängigkeit und Knechtschaft befreit zu werden, ist der Ursprung des israelischen Glaubens. Mit Mose als dem Begründer dieses Glaubens tritt Jahwe in Kontakt als er die Schreie seines unterdrückten Volkes hört.

Mich fragte mal jemand, was das wichtigste an unserem Glauben sei und er gab dann mir auch gleich die Antwort: „Gehorsam".

Ich habe ihm damals dazu „NEIN" gesagt, und sage es auch heute. Das zentrale unseres jüdisch-christlichen Glaubens ist die Freiheit, denn nichts anderes sagt das älteste Glaubensbekenntnis, das aussagt, dass Gott sein Volk in die Freiheit führt und ihm ein Land gibt, in dem es frei leben kann. Diese großartige Erfahrung der Freiheit macht es uns Menschen dann möglich auf diesen Gott und seine Botschaft zu hören weil sie uns herausführt aus Knechtschaft, Abhängigkeit und einem Gehorsam der aus Angst und Unterwerfung geleistet wird.

Während der Fastenzeit nehmen wir uns häufig Fastenvorsätze vor, die mit weniger etwas zu tun haben: weniger Essen, weniger Fernsehen usw. oder auch umgekehrt mit mehr, mehr Zeit für mich, mehr Zeit für die Familie, mehr Zeit auch für Gott. Wenn es darum geht eine bestimmte Leistung zu erbringen, sind solche Fastenvorsätze nichts, aber auch gar nichts wert. Wenn sie uns eine Idee davon vermitteln, dass wir uns aus den selbstgemachten Unfreiheiten und Abhängigkeiten befreien, werden sie uns helfen unseren Glauben bewusster zu leben.

Ein wenig mehr Freiheit für mich, für Menschen in meiner Nähe, für Menschen, die in politischen und sozialen Abhängigkeiten leben wäre ein gutes Ziel in der Fastenzeit.

Daraus wird Dankbarkeit erwachsen, mir selber gegenüber, Menschen gegenüber und nicht zuletzt Gott gegenüber.

Unterwegs sein

2. Fastensonntag Lesejahr A
Schrifttexte: **Lesung Gen. 12, 1-4a** Evangelium Mt. 17, 1-9

Liebe Mitchristinnen und Mitchristen,

„Mach dich auf den Weg. Zieh fort aus deinem Land, aus deiner Heimat und aus deinem Vaterhaus.“

Mir erscheint diese Forderung Gottes an Abraham immer wieder ungeheuerlich und manchmal macht sie mir auch Angst.

Warum ist das nötig, dass Abraham fort zieht? Er nimmt als Nomade zwar sein Hab und Gut mit, aber dennoch, die Zukunft ist ungewiss. Welchen Sinn hat das ganze Unternehmen eigentlich? Geht es Gott darum uns das Leben etwas schwerer zu machen mit solchen Forderungen?

Ist mein Glaube, ist unser Glaube so?

Und Abraham? „Er zieht fort!“, heißt es ganz lapidar in der biblischen Erzählung. Klar, für ihn, einem Nomaden, war das Umherziehen Alltag. Aber in eine so unbekannte Gegend mit unbekannten Weideplätzen von denen er nicht wusste ob er sie benutzen durfte. Und wer garantierte ihm, dass seine Lebenswünsche in Erfüllung gehen, nämlich die Wünsche nach Land Nachkommenschaft. Konnte er sich so unbedingt auf Gott verlassen?

Als Menschen stehen wir wahrscheinlich ein Leben lang in der Spannung zwischen Veränderung und dem Gefühl alles möge doch möglichst so bleiben wie es ist. Zu gerne möchten wir Menschen viele Dinge festhalten, weil sie uns Sicherheit geben, weil sie uns Ruhe und ein Leben in geregelten Verhältnissen erlauben. Auch in unserem Glauben und in unserer Kirche ist das kaum anders. So erging es auch den Aposteln im Evangelium. Sie wollen die Situation festhalten, die ihnen als die Erfüllung ihres Glaubens erscheint. Sie wollen Jesus, Elia und Mose bei sich behalten. Sie wollen drei Hütten bauen und einen Status quo schaffen. Aber so geht es nicht. Sie werden von der Höhe des Berges wieder zurück auf die Erde, in die Niederungen menschlichen Lebens geschickt um dort zu leben, um dort ihren Glauben zu verkünden.

So können wir Abraham als Warnung an uns verstehen, nicht einfach am Alten und Hergebrachten hängenzubleiben, sondern ebenso mutig und vertrauensvoll in eine neue Zukunft hineinzugehen, neue Erfahrungen zu machen und sich Veränderungen anzupassen.

Doch es wird in der Abrahamsgeschichte noch eine andere Ebene unseres menschlichen Lebens angesprochen. Wir selber, unsere Psyche oder Seele kennt die tiefe Sehnsucht nach Wandel und Veränderung. Wir möchten den Sprung über den eigenen Schatten wagen, weil wir von neuen Ufern träumen, von einer neuen Heimat, weil wir auch die Sorge haben wichtige Chancen unseres Lebens zu verpassen, unbekannte und ungeahnte Möglichkeiten der Lebens ungenützt an uns vorbeigehen zu lassen. Unser Leben droht immer dann schwierig zu werden, wenn es nur noch Routine und Gewohnheit ist, wenn alles zu einem wiederkehrenden Trott verkommt. Dann möchten wir Orte haben dem Gewohnten entfliehen zu können und ohne den Schatten der alltäglichen Routine zu leben.

Wir machen ebenso die Erfahrung, besonders auch in Situationen von Krankheit und Alter, so wie es bisher war wird es nicht mehr weitergehen, es muss sich etwas verändern, es wird sich etwas verändern. Die Frage ist dann, trauern wir nur dem Alten hinterher oder finden wir Neues, was jetzt wichtig ist, was uns Sinn und Perspektive gibt. Wer nur am Alten festhält, beraubt sich selber der eigenen Gegenwart und noch mehr der eigenen Zukunft.

Der Philosoph Ernst Bloch hat das Leben des Menschen als die Suche nach der neuen und vollkommenen Welt beschrieben; er sieht die Menschen unterwegs zu „etwas, dass allen in die Kindheit scheint und worin noch niemand war: Heimat“

Wenn das so ist, dann kann uns die Aufforderung Gottes an Abrahm zeigen, dass unser Glaube ein Verbündeter unserer heimlichen Sehnsucht nach Veränderung, nach Aufbruch in neue Erfahrungen und eine reichere Zukunft ist. Abrahams Weisung an uns kann dann heißen: „Du darfst und du kannst im Glauben, trotz allem was schwer und kaum überwindbar scheint, die Krücken der Vergangenheit und die Schatten der Gegenwart überspringen.“ Du darfst auf einen Gott vertrauen, der nicht am Alten festhält, dich nicht festhält sondern der mitgeht, der besonders dann bei dir ist, wenn du für dich und für dein Leben Neues wagst und dich auf Neues einlässt, wenn Du es immer wieder schaffst die Sehnsucht in deinem Leben wach zu halten und zu leben.

Veränderung ist nicht nur eine mühselige Leistung sondern auch eine einmalige Chance, die es mit Zuversicht und Hoffnung zu ergreifen gilt.

Es ist ein Segen, im Glauben aufbrechen zu können, in ein Leben, dessen Beheimatung Gott selbst uns schenken will. Es ist ein Segen, der Sehnsucht des Herzens nach Veränderung, nach dem Wandel zum Besseren im Glauben folgen zu dürfen.

Gottes Ruf lockt uns Menschen, damit wir in das Land der Zukunft gehen: Heimat.

Berufen zur Freiheit

3. Fastensonntag Lesejahr B
Schrifttexte: **Lesung: Ex. 20, 1- 17** Evangelium Joh. 2, 13-25

Liebe Mitchristinnen und Mitchristen

„Du sollst..."
Da kann sich Widerstand melden: So lasse ich mit mir nicht umgehen.
Oder auch:
Wenigstens jemand, der noch sagt was richtig und falsch ist. Das ist heute nötiger denn je!

„Du sollst..."
Was denken Sie?

Eines der theologischen Bücher, das mich in meiner Studienzeit mit am stärksten beeinflusst hat und mir auch heute noch ungeheuer wichtig ist, ist ein Buch des aus Rheine stammenden Münsteraner Pastoraltheologen Adolf Exler: „In Gottes Freiheit leben."

Es geht um die 10 Gebote.
Du sollst, Du sollst, du sollst. Das Ganze gleich 10 mal. Viele haben sie immer wieder auswendig gelernt, in jedem Beichtspiegel waren sie zu finden.

Kinder und Jugendliche fragen häufig wenn ihnen Forderungen oder Glaubenssätze unbegründet erscheinen: Warum soll ich das tun? Warum soll ich das glauben? Als Erwachsene haben wir so unsere eigenen Taktiken solche Forderungen und Glaubenssätze nicht zu beachten und doch den Schein zu wahren. Häufig werden sie mit guten Gründen relativiert. Die Heiligung des Sabbats passt, so gedacht, nicht mehr in eine moderne arbeitsteilige Wirtschaft. Und was heißt schon, du sollst keine anderen Götter neben mir haben.

Viele sind auch durch eine zu einseitige Auslegung der 10 Gebote unter Druck gesetzt worden, als wäre der stumpfe Gehorsam schon ein Wert an sich, oder als verlange Gott etwas vom Menschen, was dieser dann zu erfüllen hat nur weil es vermeintlich von oben kommt. Kadavergehorsam, Blinder Gehorsam oder Unterwürfigkeit passen nicht zum Wesen Gottes.

Auch die Israeliten werden nach dem Sinn und den Hintergrund der Gebote gefragt haben, als Mose sie damit konfrontiert hat. Warum sollen wir so handeln, was ist der Sinn, was steckt eigentlich dahinter, ist die menschliche und richtige Frage an dieser Stelle.

Gott jedoch legitimiert sich selber. Er liefert den Israeliten die Begründung mit, warum er diese Gebote erlässt, warum sie gut sind und aus welcher inneren Motivation heraus er handelt.

Nämlich: Ich bin der Herr, dein Gott, der dich herausgeführt hat aus Ägypten, aus dem Sklavenhaus. Die Gebote sind von Menschen verfasster reflektierte Glaube sie erhalten jedoch ihre Begründung und ihr Fundament in der Gotteserfahrung des israelischen Volkes und die heißt:

Wir waren Menschen, die wie Sklaven lebten und die wie Sklaven gehalten wurden, in absoluter Unfreiheit und als Fremde ausgebeutet und den Machthabern schutzlos ausgeliefert. So sah unser Leben aus, doch dann haben wir die Erfahrung gemacht, dass JAHWE uns in dieser Situation nicht im Stich gelassen hat. Wir haben die Erfahrung gemacht, das wir den Mut und die Kraft haben für unsere Freiheit zu kämpfen und andere denen es ähnlich ergangen ist mit in diese Freiheit hinein zunehmen. Wir leben frei, weil wir Jahwe als unseren Gott haben und in einem Land leben, in dem wir als Menschen mit Achtung und Würde leben.

Damit das heute weiterhin gelingen und bestimmend bleiben kann, ist es wichtig, das wir Gott an die erste Stelle setzten und nicht von anderer Seite unser Glück erhoffen, nicht von unserer Wirtschaftskraft und auch nicht von der Stärke unserer Waffen und das wir jeden Menschen, gleich ob er aus unserem Land stammt, ganz gleich ob er unseren oder einen anderen Glauben hat, achten und seine Menschenwürde und das was zu ihm gehört nicht antasten. Immer auch in dem Vertrauen, dass er deshalb genauso mit uns umgeht. Das Volk Israel war das erste Volk, das uneingeschränkt die Rechte des Fremden gelten ließ und den Armen und Anderen unter einen besonderen Schutz stellte. Dies war eine ungeheure kulturelle Leistung, zu der man nur mit einem guten Gottvertrauen den Mut finden kann.

So führen die 10 Gebote, wie es Adolf Exler gesagt hat, in eine ungeheure Freiheit und so sind die 10 Gebote zur ethischen Grundlage menschlicher Zivilisation geworden.

Das sie das bleiben, dazu sind wir als Christen gemeinsam mit Juden und Muslimen in unserer Zeit verantwortlich. So lässt sich menschliches Zusammenleben gestalten und nicht durch einen Krieg, der niemals einen göttlichen Auftrag oder eine göttliche Sendung als Grundlage haben kann.

So handelt Gott

4. Sonntag der Fastenzeit Lesejahr A
Schrifttexte: Lesung: 1. Sam. 16,1b 6-7.10-13a **Evangelium: Joh. 9, 1-41**

Liebe Mitchristinnen und Mitchristen,

was habe ich eigentlich getan, dass mich ein solcher Schicksalsschlag trifft? Irgendetwas kann doch nicht richtig sein! Ich muss doch etwas falsch gemacht haben, dass ich auf einmal so krank geworden bin, dass mich das Schicksal so hart getroffen hat! Keine Wirkung ohne Ursache lehrt uns die Naturwissenschaft. Sollte dies bei Gott anders sein?

Das heutige Evangelium ist mir in der Begleitung von Menschen hier im Krankenhaus ungeheuer wichtig und zwar in mehrfacher Hinsicht.

Immer wieder höre ich von Menschen die Frage, was habe ich eigentlich getan, dass mich Gott so straft? Bin ich denn so schlecht? Fragen, die Menschen stellen, wenn sie eine schlimme Krankheit oder der Tod eines lieben Menschen getroffen, oder wenn sonst ein schwieriges Ereignis ihr Leben durcheinander gebracht hat. Eine nur zu menschliche Frage. Wenn Gott Ursprung und Grund unseres Lebens ist, dann müssen doch folglich die Ereignisse unseres Lebens auf ihn zurückzuführen sein, das Gute wie auch das Böse. Das Gute als Belohnung, das Böse als Bestrafung. Daran orientieren sich bis heute ganze Lebensethiken und Morallehren innerhalb und außerhalb der Kirche.

Und auch die Freundinnen und Freunde Jesu fragen so: „Wer hat denn gesündigt, er oder seine Eltern?“ Nur zu menschlich, ganz ohne Grund wird er nicht blind sein, wird nicht grundlos an der Straße sitzen müssen und betteln.

Wie schnell sind wir häufig dabei, wenn es um die Verteilung von Schuld geht. Und Jesus, er setzt an dieser Stelle sehr deutlich etwas gegen die langläufige Meinung von Ursache und Wirkung wenn er sagt: Weder er noch seine Eltern haben gesündigt, sondern Gottes Werke sollen an ihm offenbar werden. Ein einfacher Satz, doch er stellt, was wir häufig denken auf den Kopf. Die Sätze „Selber schuld“, oder „Es wird schon seinen Grund haben“, gelten jetzt nicht mehr so einfach.

Ich antworte häufig mit diesem Satz und dieser Bibelstelle wenn Menschen nach dem „Warum“ fragen und nach etwas suchen, was sie getan haben, dass das Schicksal sie so trifft. Sicherlich ist es vernünftig nach der eigenen Verantwortung für eine Situation zu fragen und nach Veränderungsmöglichkeiten zu suchen, um einen Ausweg aus einer schwierigen Situation zu suchen.

Aber hier geht es nicht um das, was wir vernünftigerweise verändern können oder sollten, sondern um den Zusammenhang den Jesus deutlich hinterfragt, nämlich: der Mensch sündigt und Gott straft. Theologisch kann ich dies ohne Wenn und Aber verneinen, Gott reagiert so nicht. Aber persönlich, menschlich?

Ich kenne sie, diese bohrenden und zerstörerischen Fragen nach dem Warum? Warum muss ich das aushalten? Warum geht es hier nicht weiter? Was habe ich getan, dass es jetzt so ist und Gott tut nichts dagegen, so sehr ich ihn auch bitte. Warum lässt er das zu? Wo zeigt sich Gott?

Aber damit ist die Geschichte im Evangelium nicht zu Ende und meine ebenso wie die vieler anderer die fragen nicht.

Im Evangelium heilt Jesus; der Blindgeborne kann sehen, der Zusammenhang von Sünde und Krankheit ist durchbrochen. Aber der Mann gerät jetzt erst recht in die Zwickmühle. Die religiösen Führer wollen ihm beweisen, dass von diesem Jesus kein wirkliches Heil ausgehen kann, sondern das er das ist was er immer war, ein in Sünde geborner und lebender Mensch. Sie erzeugen Angst. Selbst seine Eltern gehen zu ihm auf Distanz. So einfach ist das neue Leben nicht.

Aber der Blindgeborne erstickt den Keim neuer Lebensmöglichkeiten nicht obwohl er spürt, dass sie ihm nicht nur in den Schoss fallen. Er gibt sich nicht der Angst hin, lässt sich nicht einschüchtern, auch nicht wenn das, was geschehen ist für ihn kaum nachvollziehbar ist.

Erst in der zweiten Begegnung mit Jesus kann er mit dem beginnen, was wir Glauben nennen. Es braucht diesen Prozess der inneren und äußeren Auseinandersetzung um zu spüren wo der Glaube und wo Gott in unserem Leben greifen.

Er beginnt vielleicht dort, wo wir trotz aller Schwere spüren: Gott ist da, auch wenn ich noch nicht weiß wie es weitergeht. Er wird mich halten, er hilft mir weiter zu schauen, den nächsten Schritt zu wagen, wie immer er auch aussieht.

Zeichen des Anstoßes

Karfreitag
Schrifttexte: Lesung: Jes. 52,13-53.12 **Evangelium: Joh. 18,1-19,42**

Liebe Mitchristen und Mitchristinnen,

Alexamenos betet seinen Gott an, so lautet eine Inschrift auf der ältesten überlieferten Kreuzesdarstellung die wir als Christen kennen. Es zeigt, und da wird es ungewöhnlich: Jesus am Kreuz mit einem Eselkopf.

Es ist die Spottzeichnung eines römischen Soldaten über einen Mitsoldaten, der Christ ist. Es ist diesem Soldaten total unverständlich, dass jemand an einen Gott glaubt, der am Kreuz getötet wurde. Das geht so sehr gegen alle gängigen Gottesvorstellungen, dass er dafür nur noch Spott übrig hat. Nicht seine Ungläubigkeit oder Oberflächlichkeit ist der Grund des Spottes, sondern sein vollkommenes Unverständnis.

Kreuzesdarstellungen gibt es als christliches Zeichen oder Erkennungssymbol erst seit dem vierten Jahrhundert. Die Christen und Christinnen der ersten Jahrhunderte waren vorsichtiger im Umgang mit dem Kreuz, zum Teil weil sie sich vor einer feindlichen Umwelt schützen mussten, aber auch weil ihnen das Kreuz nicht so glatt runter ging, weil es ein Teil ihres Glaubens war, das sie immer wieder herausforderte.

Das Kreuz ist ein Zeichen des Anstoßes, der Unklarheit, ein Zeichen, dass uns nicht so einfach mit unserem Glauben klar kommen lassen kann. Wer will denn schon mit einem solchen Verlierer etwas zu tun haben. Nicht mal sich selber soll er in seiner Todesstunde helfen können, und dann uns? Kann so Gott sein?

Nein das Kreuz ist kein harmloses Zeichen, das so einfach als Wandschmuck oder als Schmuck um den Hals dienen kann. Aber wir haben als Christen im Laufe der Jahrhunderte gelernt das Kreuz seiner Zwiespältigkeit und seiner Anstößigkeit zu berauben, damit es uns damit besser geht.

„Jesus nimmt das Kreuz auf seine Schultern“, so heißt die zweite Station des Kreuzweges.

Jesus nimmt das Kreuz auf sich als Konsequenz seines Lebens. Er hat das Kreuz nicht gesucht, wollte es nicht unbedingt, doch aus dem, wie er gelebt hat, wie er mit Menschen umgegangen ist und sich ihnen zugewandt hat, wie er vom Reich Gottes erzählt hat, war das Kreuz die Folge. Im Kreuz ist er seinen Weg zu Ende gegangen. In seinem Kreuz hat er die grausamen Möglichkeiten menschlichen

Lebens getragen. Er hat menschliche Verlassenheit und Einsamkeit bis zum letzten durchlitten. Das Markus-Evangelium berichtet zum Schluss von dem verzweifelten Schrei Jesu: „Mein Gott, mein Gott warum hast du mich verlassen?“

Sogar von Gott, auf den er sich bei all seinem Tun verlassen hat, fühlt er sich im Stich gelassen.

Tiefer kann ein Mensch nicht mehr absacken, weiter an den Rand gedrängt kann er nicht mehr werden. Da ist dann nichts mehr, keine Hoffnung, kein Mensch, kein Gott.

Aber gerade so hat er menschliches Schicksal, gerade in seiner größten Dunkelheit mit in Gott aufgenommen.

Das Kreuz Jesu zeigt uns Christen und Christinnen den Weg in die Welt. Es kann keinen Glauben und kein christliches Leben geben, dass sich nur im Binnenraum unserer Kirche abspielt und die Probleme der Welt und der Menschen außen vorlässt. Aber mit unseren Sorgen und Problemen dürfen wir uns von Gott verstanden wissen, mit unseren Sorgen um den Arbeitsplatz, mit unseren Sorgen um die Kinder oder unsere Eltern, mit unseren Sorgen um eine Lehrstelle oder um das monatliche Auskommen, weil das Geld nicht reicht oder die Belastungen zu hoch sind, mit unseren Sorgen um unsere Gesundheit oder die Ehe, die zu zerbrechen droht.

Und was hilft das, mögen sie vielleicht berechtigt fragen. Ich frage es mich auch häufiger.
Und dennoch, von Gott glauben zu können, dass er um unsere tiefsten Dunkelheiten weiß, dass er unsere Sorgen kennt und sie nicht gering achtet, dass wir ihm nicht egal sind, mag helfen den nächsten nötigen Schritt zu wagen und nimmt uns in eine Gemeinschaft von Menschen hinein, die füreinander verantwortlich sind.

So sehr wendete sich Jesus der Welt zu, als er in dieser Welt sein Kreuz auf seine Schultern nahm, damit wir nicht verloren gehen.

Kaum zu begreifen

Ostern Lesejahr C
Schrifttexte: Lesung: Apg. 10, 34a.37-43 **Evangelium: Joh. 20, 1-9**

Liebe Mitchristinnen und Mitchristen,

was ist aus diesem einen Menschen geworden. Er, der all das erlebt hat was Menschen erleben können.
Anerkannt, umworben, aufgesucht und umjubelt.
Verleugnet, bedroht gedemütigt und ans Kreuz genagelt.

Ecce homo – seht da den Menschen.
Ganz oben und ganz unten.
Gebraucht und in die Ecke geschoben.

All das, was wir als Menschen sind, finden wir in dem einen Menschen Jesus.

Und dieser Mensch ist gescheitert, tot, er liegt im Grab.
Da ist nichts mehr, was hoffen lässt.
Da ist nichts mehr, was eine Perspektive eröffnet.
Nichts.

Eine einzige Frau, ein Mensch scheint sich noch zu erinnern, macht sich auf den Weg, aber das auch in aller Frühe, dann wenn es noch dunkel ist.
Die Dunkelheit schützt, gesehen werden möchte sie lieber nicht.

Das Grab, verschlossen, versiegelt durch einen großen Stein.

Trostloser geht es kaum.

In diesem einen Grab liegt unsere ganze menschliche Trostlosigkeit, unsere Angst, unsere Sorge, unser Scheitern, unser Weinen, alles was uns niederdrückt, was unser Leben schwer macht.
In diesem Grab sind unsere Krankheiten und unsere Angst vor dem Tod.
In diesem Grab liegt all die Ungerechtigkeit und Gewalt, die Menschen trifft.
In diesem Grab sind die missbrauchten Körper und Seelen so vieler Menschen, heute besonders auch der Jungen und Mädchen die von Menschen missbraucht wurden, die doch für sie verantwortlich waren.
In diesem Grab sammelt sich das Leid so vieler Menschen.

Dieses eine Grab als Ort des Menschen. Ecce homo.

Diese eine Frau die still und allein dort hingeht, wo niemand sich traut hinzugehen.

An diesem einen Ort, an diesem einen Grab geschieht das, was alles verändert.
Der Stein ist weg. Die Versiegelung des Leids und der vielen Geschichten, die doch niemand mehr hören mag ist aufgebrochen.

Gott hält die Grabesruhe unserer Welt, unser Wegschauen und Stillhalten nicht ein.
Er lässt den, der unser ganzes menschliches Leben gelebt, getragen und ertragen hat nicht im Tod.

Er, Gott, weckt ihn auf, führt ihn nicht nur ins Leben zurück, sondern verwandelt, was Menschen beiseite schieben zu neuem unvergänglichem Leben.

Maria begreift nicht was geschehen ist und wir begreifen nicht was geschehen ist, weil dies eine, das von Gott kommt so anders ist, das wir Menschen nur ratlos, ungläubig davor stehen. Vielleicht ahnen wir etwas von dem was nun ist und was kommt, mehr nicht.

Gott schafft neues Leben.
Durch Jesus.
Für uns.
Ostern.

Bilder des Lebens

5. Sonntag der Osterzeit Lesejahr C
Schrifttexte: **Lesung: Off. 21, 1-5a** Evangelium: Joh. 15, 1-5

Warum?
Jetzt bin ich seit vielen Jahren ein überzeugter Christ. Seit vielen Jahren verkünde ich engagiert das Evangelium, erzähle einzelnen Menschen oder auch in gemeindlichen Versammlungen von Gott und von Jesus. Versuche Menschen zu sagen, das mit Jesus ihr Leben besser gelingt, das Gott jemand ist, der für sie da ist.

Und nun?
Nach Jahren habe ich jetzt das Gefühl, es war nicht viel, es war umsonst und Vieles um mich herum bricht zusammen.
Ich sehe, das Gemeinden, in denen ich mich engagiert habe, für die ich da war langsam vor die Hunde gehen.
Das Christentum ist als Religion nicht mehr erlaubt, von Staats wegen verboten und Menschen, die sich dazu bekennen, werden verfolgt, eingesperrt, sogar getötet. Nicht wenige von denen, die ich gut kenne sind bereits ermordet worden.
Und die anderen?
Ich gebe zu, ich bin häufig enttäuscht. Sie halten den Druck nicht aus, der auf sie ausgeübt wird. Sie legen ihren Glauben ab. Er scheint ihnen unwichtig geworden zu sein.
Und ich kann es auch ganz gut verstehen. Es ist eine ungeheuer chaotische Zeit in der wir leben. Der einzelne Mensch scheint nichts zu zählen. Da kann man doch nur noch zusehen, dass man seine eigene Haut rettet!

Und mir selber, mir geht es doch kaum besser. Ich darf weder reden noch schreiben, sie zwingen uns öffentlich unserem Glauben abzuschwören und dem Kaiser die Treue zu halten. Ein Stress und ein Terror, die mich wahnsinnig machen.

Liebe Mitchristinnen und Mitchristen,

Meine Situation? Ihre Situation?
So stellt sich die Situation dar, wie sie der Schreiber der „Offenbarung des Johannes“ zu Beginn des zweiten christlichen Jahrhunderts erlebt.

Und er schreibt darüber. Er berichtet keine Fakten und Daten, die die bedrohliche Situation erfassen, sondern sucht Bilder, um die Situation der Angst und Bedrängnis zu beschreiben. Er beschreibt z.B. in einem vorhergehenden Kapitel seine Angst im Bild eines Drachen mit großem Kopf und sobald man diesen abschlägt wachsen sieben Köpfe nach. Wenn das so ist, muss die Situation sehr bedrohlich und angstbesetzt sein und es scheint keine Möglichkeit zu geben etwas dagegen zu tun. Wenn er etwas tut, werden aus dem einen Schrecken sieben, die Angst wächst um das siebenfache.

Aber indem der Autor der Offenbarung seine Angst beschreibt, schreibt er sie sich auch ein Stück von der Seele. Eine Angst eine Sorge und Not, die sich benennen lässt ist zwar nicht erledigt, aber sie kann etwas von ihrer Bedrohlichkeit verlieren, wenn anderen davon erzählt wird.

Und das gilt auch heute und für mich. Wenn ich meine Angst und Not erzählen und beschreiben kann, sei es sehr unmittelbar, oder auch in einem Bild, wie z.B. „ich fühl mich wie in einem Käfig oder wie in einem großen schwarzen Loch", bin ich nicht mehr so alleine damit. Die Angst und Not kommt aus mir heraus und sie erreicht den anderen und auch Gott selber.

Wenn das so geschieht, ist schon ganz viel erreicht!

Aber der Schreiber der Offenbarung bleibt an dieser Stelle nicht stehen. Er hört noch einmal ganz genau in sich hinein. Und dann ist da neben den schrecklichen, angstbesetzten und lähmenden Bildern eine Sehnsucht lebendig. Es ist eine Lust am Leben, die sich nicht ersticken lässt und die eine starke innere Kraft bedeutet.

Es ist auch der Glaube und die Hoffnung, dass das, was Gott den Menschen in Jesus zugesagt hat, gültig ist, und auch dann noch gültig ist, wenn wir Menschen in schwere Situationen oder Krisen geraten, die uns selber und unseren Glauben immer wieder bedrohen.

Auch dafür findet der Schreiber Bilder: Er träumt von einem neuen Himmel und einer neuen Erde. Wunderschön stellt er sie sich vor, liebevoll und schön wie eine Braut malt er sie sich aus. Seiner Sehnsucht, dass es einmal keine Tränen und keine Mühsal mehr gibt, verleiht er mit solchen Worten Ausdruck. Ein ganzes Kapitel lang schwärmt er geradezu von der neuen Stadt, in der Gott wohnt und die von Frieden und Ruhe aufatmet.

So versucht Johannes sich und seine ganzen Gemeinden vor der Abstumpfung und Mutlosigkeit durch das Leid zu retten, sich selber zu retten vor dem Schweren, was sich um ihn herum abspielt.

Unsere inneren Bilder sind eine Kraft, die aus unser selber kommt, es ist ebenso eine Kraft, die in unserem Glauben steckt und durch die sich Gott den Weg zu uns bahnt.
Unsere inneren Bilder löschen das Leid nicht aus.
Aber können sie uns helfen nicht im Dunkel zu versinken?
Woraus finden sie die Kraft zu leben und die Lust am Leben nicht zu verlieren?

Weitersagen

6. Sonntag der Osterzeit Lesejahr A
Schrifttexte: **Lesung: 1. Petr. 3,15-18** Evangelium: Joh. 14, 15-21

Liebe Mitchristinnen und Mitchristen,

die Situationen im heutigen Lesungs- und Evangelientext ähneln sich. Die Christen am Ende des ersten christlichen Jahrhunderts leben verstreut in einer nichtchristlichen Umwelt. Häufig wurden sie misstrauisch angesehen, weil sie sich in einigen Dingen des Alltags und der Religion so anders verhielten als die Menschen um sie herum. Sie wurden verdächtigt, diskriminiert und immer wieder auch verfolgt.

Es ist schwer als Mensch solche Situationen aus zu halten, denn besonders schwierige Situationen verbinden sich für uns immer wieder schnell mit der sehr existenziellen Frage: Ist das eigentlich richtig was ich tue? Kann ich mich auf den anderen und auf Gott verlassen? Warum lade ich mir eigentlich solche Schwierigkeiten auf?

Was wir brauchen ist Mut und jemanden der uns Mut macht. **„Seid stets bereit, jedem Rede und Antwort zu stehen, der nach der Hoffnung fragt, die euch erfüllt!“** Kein leichter Anspruch, wenn man selber immer wieder nach der Hoffnung sucht und um seine eigene Hoffnung immer wieder kämpfen muss. Wer von uns hat denn seinen Glauben und seine Hoffnung schon so sicher?

Von mir kann ich sagen, dass ich mich immer wieder auch angefragt fühle und dann ist es manchmal mit meiner Hoffnung gar nicht so weit her. Vielleicht fordert deshalb der Schreiber des 1. Petrusbriefes auch dazu auf bescheiden zu erzählen, weil er um unsere brüchigen Hoffnungen weiß, die wir besser nicht herausposaunen sondern eher vorsichtig erzählen und einem Hörer so die Möglichkeit zu geben von seiner Hoffnung zu erzählen.

Jesus verspricht im Johannesevangelium den Aposteln einen Beistand, oder wie Friedolin es übersetzt, einen Mutbringer. Ja, die Jünger werden ihn brauchen und wir auch. Doch dieser Mutbringer wird gleichzeitig auch schon mit einer deutlichen Einschränkung versehen: Es ist der Geist der Wahrheit, den die Welt nicht empfangen kann.

Bleibt dieser Gegensatz zwischen der Welt und den Jüngern Jesu bestehen?

Wenn wir in die Schlagzeilen der vergangen Wochen schauen, könnten wir dies meinen. Krieg, Terror, Gewalt und Unversöhnlichkeit und dann noch die schrecklichen Ereignisse von Erfurt, die es doch bisher fast nur in Amerika gab.

Welcher Geist begleitet uns?
Wie viel Einsamkeit, Sinnlosigkeit, Kränkung und Wut hat sich in vielen Menschen angesammelt, damit sie, wie der Schüler in Erfurt, zu einer solchen Tat fähig sind? In welcher Welt und Kultur leben sie, leben wir?

Dazu gehört dann aber auch die Frage: „Ist wirklich die ganze Welt so?“ Nein mit Sicherheit nicht. Es gibt die vielen guten Dinge die Menschen im kleinen und großen tun, die unser Zusammenleben besser gelingen lassen, weil Menschen nicht nur sich sehen, sondern auch die Not des anderen und weil sie bereit sind zu helfen.

Nein es gibt auch in unserer Zeit nicht nur eine Kultur des Todes und des Schreckens und das muss auch sehr, sehr deutlich gesagt werden, weil dies in den Nachrichtensendungen und öffentlichen Reden viel zu wenig gesagt wird.

Weil es diese Kultur des Lebens gibt, können wir uns eher der Kultur des Todes zuwenden.

Unser christlicher Glaube und die Kirche als Institution löst mit Sicherheit nicht alle Probleme der Welt. Unser Christlicher Glaube kann aber eine Hoffnung lebendig halten, die Gott uns schenkt – in aller und trotz aller Not.

Das Johannesevangelium zeigt einen Weg auf, wie der Mutbringer in die Welt kommen kann. Es steht das Versprechen, dass die Jünger nicht verwaist zurückgelassen werden, so dass sie ihre Hoffnung, ihre Orientierung und ihren Halt nicht verlieren. Jesus kommt zu ihnen.

„Wer meine Gebote hat und sie hält, liebt mich; wer aber mich liebt, wird von meinem Vater geliebt werden und ich werde ihn lieben und mich ihm offenbaren.“

Die Gebote als Weg zur Liebe Gottes. Ja!
Gemeint sind hier jedoch nicht die 1752 Cannonices des Kirchenrechts, auch nicht die sogenannten Kirchengebote, sondern die Botschaft Jesu, die von der Feindesliebe erzählt, die davon erzählt, das jeder Mensch mehr wert ist als das Gesetz, der Botschaft, die die Sünderin vor dem Zugriff der wütenden Menge schützt, der Botschaft die Zachäus ermutigt neu anzufangen, der Botschaft die uns auffordert nicht in den Sorgen der Welt unterzugehen, der Botschaft, die uns auch sagt, dass nach dem Tod das Leben ist.

Gar nicht so ganz einfach zu glauben, zu leben und Hoffnung daraus zu ziehen. Aber genau so offenbart sich Jesus uns, als den Nachfolgern der ersten Gemeinde.

Diese gute Nachricht sollen wir mit all der Brüchigkeit und mit all der Hoffnung weitergeben, die wir erleben.

„Seid stets bereit, jedem Rede und Antwort zu stehen, der nach der Hoffnung fragt, die euch erfüllt!"

Den Kinderschuhen entwachsen

7. Sonntag der Osterzeit Lesejahr B
Schrifttexte: Lesung: Apg. 1,15-17.20ac.-2b **Evangelium: Joh. 17,11b-19**

(Kleinkinderschuhe, Sportschuhe und Straßenschuhe als Medien mitbringen)

Liebe Mitchristinnen und Mitchristen,

sie erzählen Geschichten und wecken Erinnerungen, solche **Kinderschuhe.**
Was war, als sie selber noch in diese Schuhe passten. Was war damals? Was mag ihnen damals wichtig gewesen sein?
Wenn wir solche Schuhe tragen, ist unsere Welt in der Regel noch in Ordnung und sehr überschaubar. Wir verlassen uns auf unsere Eltern. Sie schützen uns, haben uns vielleicht gerade das Laufen beigebracht, zeigen uns etwas von unserer kleinen Welt. Wir wissen auf wenn wir uns stützen können.
Und doch, die Selbständigkeit beginnt. Wir erkunden unsere Welt. Riskieren schon mal einen nächsten Schritt um die Ecke, immer noch mit der Sicherheit der Mutter im Rücken, die schon da ist wenn's gefährlich wird.

Die Schuhe ändern sich und damit auch unser Leben und die Art wie wir mit unserer Umgebung, unserer Welt und uns selber umgehen. **Sportschuhe** stehen da eher für Einsatz, Kampf und den Willen etwas zu schaffen und zu siegen. Tatsächlich, und auch im übertragenen Sinn. Sie stehen für die Jahre, in denen wir etwas leisten und schaffen wollen oder können, auf uns allein gestellt oder in der Mannschaft mit anderen. Aber kaum ein Sport, kaum ein Lebensabschnitt funktioniert ohne einen guten Trainer. Es ist toll wenn wir vorbereitet sind aufs Leben und wenn wir mit anderen etwas erreichen können.

In solchen Schuhen werden auch die Jünger Jesu den Glauben gelernt haben. Zu Anfang war dieser Jesus da, der sie mitnahm, ihnen die ersten Schritte seiner neuen Lehre lehrte. Sie hörten zu, wussten woran sie sich halten konnten und eine neue Welt tat sich ihnen auf. Sie erfuhren viel fürs Leben.

Sie lernten auch selber zu laufen, sich einzusetzen und ihren Glauben an andere weiterzugeben. Jesus schickte sie los. Und doch sie konnten zurückkommen, erzählen und ihre Erfahrungen und was sie damit machen wollten miteinander besprechen. Sie wussten, unser Trainer ist da. Er motiviert und er hält uns den Rücken frei.

Irgendwann in unserem Leben passen die Sportschuhe nicht mehr. Ziele und Aufgaben ändern sich, der Trainer ist nicht mehr da, wir müssen allein das Spiel bestimmen und entscheiden.

Welche **Schuhe** passen dann noch? Wer gibt sie uns, unsere Alltagsschuhe?

Jesus betet im heutigen Evangelium für seine Jünger. Für sie stellt sich die bange Situation: die Kinderschuhe unseres Glaubens sind zu klein geworden, die Sportschuhe, mit denen wir ein vorgegebenes Ziel, angespornt und begleitet durch Jesus, entgegenlaufen entsprechen nicht mehr der jetzigen Situation. Aber was ist jetzt dran?

Es ist die Situation der ersten Jünger und der jungen Gemeinden, die sich nach dem Tod Jesu deutlich fragen, wie geht es denn nun eigentlich weiter? Macht es noch Sinn, dass wir uns noch für die Sache Jesu einsetzen und stehen wir jetzt allein da?

Jesus weiß um die bangen Fragen seiner Jünger und er weiß auch um unsere bangen Fragen. Er traut uns zu, unsere Kinderschuhe zu verlassen, wie es gute Eltern ihren Kindern zutrauen, aber in seinem Gebet zeigt er auch, dass seine Jünger und wir alle uns auf ihn verlassen können, wenn wir die Verantwortung für unsere nächsten Schritte und für unsere Entscheidungen übernehmen.

Er betet nicht dafür, dass die Jünger aus der Welt herausgenommen werden und so mit ihr nichts mehr zu tun haben. Nein sie bleiben in der Welt mit allem was dazugehört. Aber er betet dafür, dass sie vor dem Bösen bewahrt bleiben, dass das Schwierige und Leidvolle sie nicht gänzlich beherrscht und dass sie ihren Lebens- und Glaubensmut nicht verlieren.

Und Jesus betet noch heute, für sie und mich.

Bitter nötig

Pfingsten Lesejahr C
Schrifttexte: **Lesung: Apg. 2, 1-11** Evangelium: Joh. 20, 19-23

Liebe Mitchristinnen und Mitchristen,

mein Gott, da wäre ich gerne dabei gewesen. Den Heiligen Geist mit einer derartigen Eindeutigkeit, mit solcher Kraft und Stärke zu spüren. Ein Brausen, wie ein Sturm, Zungen wie von Feuer. Wenn ich das lese oder höre mag ich glauben, dass Menschen davon zunächst erschrocken und später begeistert waren.

Petrus meinte ja noch, sich verteidigen zu müssen, weil sie so überschwänglich redeten, in dem er darauf hinwies, dass ja erst die dritte Stunde des Tages angebrochen war. Vorher hatten sie sich ja ängstlich verkrochen, mochten sich nicht sehen lassen, trauten sich selber und Gott nicht. Was hatten sie auch schon von sich aus zu bieten? Einen Mann aus Nazareth, der kläglich gescheitert war? Wer wollte davon etwas hören? Eigene Ideen wie die Sache weitergehen sollte? Dazu fehlten wahrscheinlich die Ideen und Visionen! Eigenes Ansehen? Sie waren doch nur ein paar einfache Fischer aus einer unbedeutenden, wenig beachteten jüdischen Provinz. Und genau dieser Petrus, der sich sonst gerne verkriecht wenn es drauf ankommt, genau dieser Petrus steht später vorne, redet, verkündet begeistert und steht für diesen Jesus ein. Und er schafft es mitzureißen.

Und dann die vielen Menschen die anwesend waren. Aus wie viel Ländern und Sprachen? Wenn wir sie heute aufzählen brechen wir uns fast die Zunge. Was hat diese Menschen vor dem Pfingstereignis miteinander verbunden? Sie verstanden sich ja kaum, manchmal wahrscheinlich nur mit Händen und Füssen. Viel wahrscheinlicher, als das sie einander zuhörten, war wahrscheinlich, dass sie miteinander in Streit gerieten und sich bestenfalls aus dem Wege gingen und mehr über- als miteinander redeten. Vorher waren die Apostel und Jünger ein paar Handvoll gewesen sein. Noch an diesem Tag waren dreitausend dazugekommen.

Kaum zu glauben. Gott. Ich wäre gerne dabei gewesen.
Denn wenn ich mich heute umschaue, Gott, dann stelle ich bei mir und bei anderen ein eher umgekehrtes Pfingstfest fest.

Wir sprechen zwar die gleiche Sprache, aber verstehe ich wirklich was der andere sagen will? Was er fühlt? Was er glaubt? Kann ich mich in meinem Umfeld und in der Kirche anderen Menschen so verständlich machen, dass sie wissen, was ich meine? Und hier meine ich dann wirkliches Verstehen, das mehr ist als nur Hören.

Und wenn ich mich in der Welt umschaue wird es erst richtig schwierig, wenn Menschen nicht die gleiche Sprache sprechen, nicht das Gleiche glauben, den anderen als Bedrohung erleben, dann greifen Gewalt und Terror um sich, werden Menschen zu Opfern.
Gott, wo ist dein Geist der Menschen begeistert und sie untereinander verbindet, so dass sie sich verstehen, dass sie die Freude, aber auch die Sorgen und Nöte des anderen verstehen und die eigenen mitteilen. Wo ist dein Geist der Verständigung, der uns hilft anders, besser miteinander sprechen und aufeinander zu hören? Wo ist dein Geist der Weisheit und Einsicht, der hilft neues auszuprobieren für sich und für andere? Wo ist dein Geist des Mutes, der mir hilft über den eigenen Schatten zu springen und den anderen nicht als Bedrohung zu erleben? Wo ist der Geist der Gottesfurcht, der uns zeigt, dass wir als deine gesamte Schöpfung miteinander verbunden sind und füreinander Verantwortung haben?

Wo?

Gott wir brauchen deinen Heiligen Geist, damit wir für uns und füreinander unsere Welt und unser Miteinander christlicher gestalten können. Sende uns deinen Geist.

Jahreskreis

Und es kommt doch anders

3. Sonntag im Jahreskreis Lesejahr B
Schrifttexte: **Lesung Jona 3, 1-5.10** Evangelium Mk 1, 14-20

Liebe Mitchristinnen und Mitchristen,

die Bibel, ein Buch aus vielen Büchern, das Horizonte öffnet. Es lohnt sich von Zeit zu Zeit mal wieder einen Blick in die Bibel und ihre Bücher zu werfen. Sei es, weil sie etwas Wichtiges zu sagen hat, sei es weil sie uns an etwas erinnern will, sei es auch nur, weil sie einfach gut geschrieben ist.

Für mich gehört zu den Büchern, die ich immer wieder gerne lese und auf die ich mich auch mal gern stoßen lasse, das Buch Jona aus dem Alten Testament. Es ist eine lockere, heitere, zum Teil auch ironische Erzählung über den sehr eigenwilligen, widerspenstigen und manchmal auch engstirnigen Propheten Jona. JAHWE hat so seine rechte Mühe mit Jona, und dieser wahrscheinlich mit sich selber und mit JAHWE.

Nichts läuft so wie er es sich vorgenommen, oder wie er es geplant hat. Erst will er Ninive, der großen Stadt, das Strafgericht nicht androhen, dann zwingt ihn JAHWE förmlich und er lässt sich drauf ein, dann wieder will Gott die Stadt nicht vernichten, weil sie sich bußbereit zeigt, das wieder kann Jona nicht begreifen und er will sterben, doch Gott lässt ihn nicht. Stattdessen bekommt er noch eine Lehre erteilt über den Wert jedes Menschen. Es ist schon allerlei was ihm zugemutet wird und manchmal wird Jona für sich und andere eine Zumutung gewesen sein.

Die Jona-Erzählung knüpft an den Propheten Jona an, der im 8 Jahrhundert vor Christus gelebt hat, geschrieben wurde sie jedoch erst im 3. oder 4. Jahrhundert und hat mit dem historischen Jona nichts zu tun, wie auch die Erzählung selber keinen historischen Kern hat, sondern eine Lehrerzählung ist.

Die Jona-Geschichte, eine biblische Erzählung mit viel Liebe zum Detail und viel Liebe für Hintergründiges geschrieben, wenn man Lust hat dies zu entdecken. Ich mag sie Ihnen gerne zum eigenen Nachlesen ans Herz legen. Es sind nur vier Kapitel und etwas mehr als zwei Seiten. Versuchen sie es ruhig.

Aber nun auch zu dem Abschnitt aus dem Jona-Buch, der in der heutigen Lesung vorgelesen wurde.

Jona wird in die große Stadt Ninive geschickt. Sie war seit dem 8. Jahrhundert vor Christus die Hauptstadt Assurs und wurde 612 vor Christus von den Babyloniern und Medern zerstört. Eine Stadt, die lange nachher noch ein Symbol für einen überschwänglichen Lebensstil und Gottlosigkeit war. Hierhin wird Jona geschickt, nach heftigem eigenem Widerstand, um ihr das Strafgericht zu verkünden. Und dann passiert etwas Gewaltiges. Die Stadt, die in Reichtum und Selbstbezogenheit lebt, ruft ein Fasten aus und legt sich Sackzeug an, vom Größten bis zum Kleinsten, und nun geschieht etwas bemerkenswertes, auch Gott reut das Böse, das er tun wollte und er tut es nicht. Um den starrsinnigen Jona von seinem Tun und seiner Einstellung zu überzeugen, muss er im weiteren Fortgang noch einige Mühe aufwenden.

Für mich zeigen sich drei Punkte auf, die mir wichtig sind:

1.Liebe zum Menschen
Die Theologie des Jona-Buches ist nur zu verstehen, wenn man sieht, dass die Botschaft Gottes nicht an den Grenzen Israels halt macht, sondern alle Menschen einbezieht, und das unser Gott ein Gott ist, der auch von eigenen Entschlüssen abrücken kann, wenn es die Umstände erfordern. Jona fällt dies viel schwerer und zum Ende des Buches ist nicht klar, ob er diese Hinwendung Gottes zum Menschen mit vollziehen kann. Da ist er glaube ich vielen von uns und auch mir ganz persönlich ähnlich.

Aber das scheint mir heute wichtig zu sein: neu eine Kultur der Achtung vor dem Menschen aufzubauen und zwar vor jedem Menschen, auch wenn er anders denkt, glaubt, fühlt und aussieht. Als Menschen sind wir Kinder Gottes.

2.Akzeptieren der Wirklichkeit

Für Jona wäre es wahrscheinlich einfacher, wären die Menschen anders als sie sind, wenn er klarer zwischen falsch und richtig, gut und böse unterscheiden könnte. Aber so ist es nicht.

Die Menschen sind so wie sie sind, die Welt ist so wie sie ist, die Wirklichkeit ist so wie sie ist, weder ganz gut noch ganz schlecht. Aber es ist die Wirklichkeit in der wir leben, es sind die Menschen, mit denen wir leben, es ist die Welt, die wir haben. Das anzunehmen macht frei, weil es uns frei macht von falschen Bedingungen.
Wenn die Verhältnisse so wären, ja dann...
oder wenn die Menschen besser wären, ja dann.... oder wenn dann...,
das lähmt unsere Kräfte und unsere Initiative, nimmt uns raus aus der Beziehung, macht uns mürbe und ärgerlich.

3. Widerstand leisten gegen eine Kultur der Resignation und des Pessimismus

Jona will in der Geschichte häufig nicht mehr. Es lohnt sich nicht. Es kommt doch alles anders. Das wenige was noch galt, gilt jetzt auch nicht mehr. Was habe ich denn noch.
Wir machen uns Sorgen, berechtigte Sorgen um viele Dinge, und wenn sie hier im Krankenhaus sind, kommt die Sorge um die eigene Gesundheit und die Sorge wie geht es nach und auch mit der Krankheit weiter hinzu.

Aber wir haben auch viele Möglichkeiten und Kräfte in uns, ungeahnt der Möglichkeiten Gottes mit uns. Darauf dürfen wir ebenso vertrauen.

Die Jona-Geschichte ist eine Bewegungsgeschichte mit viel Auf und Ab. Es ist eine Geschichte, die nicht einfach aufgeht, die uns fordert.

Eine Geschichte für Sie und mich.

Hoffnung leben

4. Sonntag im Jahreskreis A
Schrifttexte: **Lesung Zef. 2,3.12-13** Evangelium: Mt. 5, 1-12a

Liebe Mitchristinnen und Mitchristen,

was als Verheißung beginnt, kann leicht zur Bedrohung werden.
Anfänglich gute Aussichten können sich leicht in trübes Wetter verwandeln.

Der Prophet Zefanja, von dem der heutige Lesungstext aus dem Ersten Testament stammt, lebte im siebten vorchristlichen Jahrhundert. Es herrschte eine scheinbare Ruhe. Das Großreich Assur zerfiel und andere Mächte witterten ihre Chance das Machtvakuum auszufüllen. Zu leicht werden kleine Länder zwischen den Mächtigen aufgerieben. Israel stand vor großen Umwälzungen und Bewährungsproben. Wenn Veränderungen, wenn Gefahren und Bedrohungen anstehen, stellen wir Menschen uns automatisch die Frage: Auf wen kann ich jetzt bauen, mit wem rechnen? Wer ist für mich ein verlässlicher Partner in schwieriger Situation?

Zefanja schrieb seinen Text um das Jahr 640 vor Christus. Er spricht darin vom Tag JAHWES als Tag des göttlichen Zorns. Ursprünglich war der Tag JAHWES ein Tag der Hoffnung, auf den sich die Gläubigen besonders in Zeiten der Not verlassen konnten. Gott würde sein Volk nicht im Stich lassen, dass war ihre Sicherheit.

Doch Zefanja hält dem Volk Israel einen Spiegel vor.
Der Tag der Hoffnung kann sich nur zu leicht ins Gegenteil verkehren, wenn Menschen sich zu sehr darauf verlassen und ihre Verantwortung nicht erkennen. Das Symbol der Hoffnung kann zum Signal für die Gefahr werden, wenn Menschen sich nicht einbringen. Der Tag Jahwes wird dann missbraucht, wenn er zu dem Motto verkommt: Ganz gleich, was wir tun oder auch nicht tun, uns wird schon nichts passieren.

Echte Hoffnung ist eben keine falsche Sicherheit! Sie engagiert sich, damit das Reich Gottes Lebenspraxis wird, damit wir uns als Menschen füreinander einsetzen aber auch Gott in unser Leben einbeziehen, ihm vertrauen, ihn zu unserem Partner werden lassen in guten und bösen Tagen.

Zefanja deutet das Unglück und die Bedrohung, die auf Israel zukommen als etwas, das Israel selber, durch seinen mangelnden Glauben, sein mangelndes Vertrauen und sein mangelndes Engagement für den anderen verursachen wird.

Gott will, das deutet Zefanja ebenfalls an, nach allem Unglück der Hirt für sein Volk sein. „Ja, sie werden weiden und lagern, und niemand schreckt sie auf.“

Über 2600 Jahre ist dieser Text alt. Die Lebensumstände und die politische Situation haben sich verändert, doch der Kern und die Wahrheit der Aussagen bleiben.

Mir wird schon nichts passieren!
Uns wird schon nichts passieren!

Vielleicht leben wir auch heute zu sehr mit dieser trügerischen Hoffnung, die sich dann nur zu schnell ins Gegenteil verkehren kann.

An die Stelle Gottes sind unsere technischen Möglichkeiten, unser wirtschaftliches Wachstum und unsere Macht, auch unsere militärische Macht getreten.

Doch wir spüren, ohne dass ich ein Unheilsprophet sein möchte, dass wir an unsere Grenzen stoßen. Unsere technischen Möglichkeiten reichen nicht aus die Welt zu beherrschen oder uns selber vor allem Unheil zu schützen, unser einseitiges Vertrauen auf Wirtschaftswachstum lässt weltweit mehr Menschen zu Verlierern als Gewinnern werden und all unsere militärische Kraft schafft keinen Frieden, sondern bedeutet für viele Menschen Elend und Tod.

Ich glaube wir brauchen als einzelne Menschen, aber auch als Gesellschaft, heute wie auch früher, immer wieder den Hinweis auf eine andere Ausrichtung.

Die Bergpredigt ist hier kein frommes Gerede und sie ist, anders als Helmut Schmidt es einmal sagte, sehr wohl politikfähig.

Die Bergpredigt ist vielmehr ein höchst anspruchsvoller Prozess für jeden einzelnen von uns und ebenso für eine ganze Gesellschaft. Denn der, der z.B. keine Gewalt anwendet, kann nicht einfach die Hände in den Schoss legen. Er hat mit dafür zu sorgen, dass das Land nicht an die Gewalttäter fällt, sondern ein Land bleibt, in dem Menschen leben können. Es geht auch nicht darum nur zu trauern, sondern aus der Trauer Trost erwachsen zu lassen für sich selber und für andere, damit wir selber und andere unser Leben wieder als gut erfahren.

Das ein solcher Weg nicht von vornherein einfach ist, deutet sich vielleicht im Schlusssatz des heutigen Evangeliums an: „Wohl euch, wenn ihr um meinetwillen beschimpft und verfolgt und auf alle mögliche Weise verleumdet werdet.“

Zefanja weißt die Israeliten neu auf ihre Verantwortung füreinander hin. Er weißt drauf hin, dass JAHWE dann jemand ist, auf den sie sich verlassen können. Von uns Menschen hängt es demnach ab, ob der Tag JAHWES ein Tag der Hoffnung oder des Zorns wird.

Wenn wir uns für Menschen in Not einsetzten und Gott zum Bündnispartner haben, dann gehört auch der zweite Teil des Schlusssatzes der Bergpredigt dazu: „Freut euch und jubelt: Euer Lohn im Himmel wird groß sein."

Berufen

4. Sonntag im Jahreskreis Lesejahr C
Schrifttexte: **Lesung: Jer. 1, 4-5.17-19** Evangelium: Lk 4, 21-30

Liebe Mitchristinnen und Mitchristen,

wie sein Leben endete ist nicht bekannt. Seine Spur verliert sich irgendwo auf dem Weg nach Ägypten. Ist er verschleppt worden oder ging er freiwillig dorthin? Mit Sicherheit lässt sich dies nicht sagen.

Aber auch vorher war sein Leben kein Zuckerschlecken. Verfolgungen, Verdächtigungen, Misserfolge und Einsamkeit begleiteten ihn. Dabei wollte er die Menschen seines Volkes auf einen vernünftigen Weg führen und stand ihnen in Zeiten stärkster Verfolgung und politischer Repression durch ausländische Mächte bei.

Wahrscheinlich hat er geahnt, was auf ihm zukommt, als er als junger Mann im Jahre 628 v. Chr. unter König Joschija von JAHWE seine Bestimmung und Berufung genannt bekam.

Die Rede ist von dem Propheten Jeremia, einer der großen Propheten Israels.

Zunächst wendet er sich gegen die, aus den Zeiten des König Manasse, noch wirkenden Missstände. Als Joschija 622 v. Chr. eine tiefgreifende Reform des Jahweglaubens einleitet stimmt Jeremia zu und schweigt.

Er meldet sich erst wieder zu Wort als unter seinem Nachfolger Jojakim nach 609 v. Chr. die Reform teilweise rückgängig gemacht wird und wieder heidnische Sitten einzudringen drohen. Er erhält ein Rede und Schreibverbot.

Als in den Jahren 597 v. Chr. und 586 v. Chr. die Bewohner Jerusalems ins babylonische Exil verschleppt werden, bleibt er in Jerusalem und tröstet die Menschen in Reden und Briefen und mahnt sie, sich auf Gott zu verlassen.

Wie ist es möglich, dass ein Mensch so sehr von Gott in Beschlag genommen wird, dass er sich in solche ständigen Gefahren und auch Auseinandersetzungen begibt. Jeremia wehrt sich zuerst, will seine Berufung nicht wahrhaben, kann sie nicht annehmen, hat vielleicht auch andere Pläne. Und doch weiß er nur zu genau, dass das Schicksal seines Lebens sich an dieser Berufung entscheidet. Es gibt aus ihr heraus kein Entrinnen. „Erschrick dich nicht vor ihnen, sonst setze ich dich vor ihren Augen in Schrecken."

Uns sind solche Berufungen vielleicht zunächst suspekt, haben sie doch etwas Fanatisches und Unnahbares an sich. Und wir sollten auch vorsichtig sein vorschnell aus einer solchen Berufung einen eigenen Auftrag und Anspruch abzuleiten. Diese Berufung ging in ihrem Anspruch und ihrer Totalität an Jeremia, nicht an einen anderen Menschen damals und nicht an jemanden von uns heute.

Doch es sind darin Spuren und Hinweise enthalten die uns heute angehen.
Zunächst macht die Berufung und das Leben des Jeremia deutlich, dass die verschiedenen Bereiche des öffentlichen Lebens eine Einheit bilden. Die Religion bildet keinen Sonderbereich, der sich um das Seelenheil zu sorgen hat, aber sich aus anderen Dingen heraushalten muss.

Wenn Menschen nicht in Freiheit leben können, wenn die soziale Gerechtigkeit auf der Strecke bleibt, wenn Menschenrechte missachtet werden und Menschen in eine unsichere Zukunft abgeschoben werden, dann hat dies eine religiöse Bedeutung, weil es um das Leben der Menschen als Ebenbild Gottes geht.

Eine Kirche, die sich um ihre Riten, ihre Liturgie und ihre Rechtgläubigkeit kümmert, aber die Nöte der Menschen aus den Augen verliert, kann nicht Kirche Gottes sein, ebenso wenig wie eine Gesellschaft christlich sein kann, der es nur um ihr eigenes Wohlergehen geht.

Jeremia lebt und verkündet in einer bewegten Zeit. Die Fremdherrschaft der Assyrer zerbricht, aber schon kündigt sich eine andere Großmacht an, die Babylonier. In der Zwischenzeit wirkt im eigenen Land die Reform König Jojaschias. Das Volk droht von den inneren und äußeren Wirrnissen aufgerieben zu werden.

So wird JAHWE zu einem geschichtlichen und politischen Gott, den die Lebensumstände der Menschen betreffen und der etwas zu bieten hat, was die Geschichte in eine andere, menschlichere Richtung lenkt. Eben nicht politisches Machtkalkül, sondern Besinnung auf eine Tradition die die Freiheit und Würde des Menschen zum höchsten Wert erhebt und die geschichtlich im Auszug aus Ägypten grundgelegt ist

Und hier glaube ich ist der Glaube an Gott elementar, weil ein solcher Glaube alle irdischen Mächte relativiert. Unsere Würde erhalten wir von Gott, nicht von einer irdischen Macht.

Und diese Würde, die Gott uns allen gibt, macht uns zu Brüdern und Schwestern aller Menschen und erst dann zu Deutschen, Türken, Franzosen, Palästinensern oder Israeliten.

Es mag eine Utopie sein, doch ich glaube, wenn wir uns darauf besinnen, das Gott mit unserer Geschichte etwas zu tun hat und das wir für seine Botschaft mitverantwortlich sind, werden auch die Konflikte in dieser Welt anders gelöst werden.

Und hier bin ich bei einem dritten Gedanken. Damit Gottes Botschaft im miteinander der Menschen und in den Strukturen unserer Welt leben kann, braucht er uns. Wir haben nicht die Berufung des Jeremia empfangen und wir sollten uns sicher davor hüten sie zu schnell für uns zu vereinnahmen. Aber jeder und jede von uns hat seine und ihre Berufung erfahren, kennt Orte und Aufgaben, an denen er und sie etwas tun kann.

Heil werden

6. Sonntag im Jahreskreis Lesejahr B
Schrifttexte: Lesung: Lev. 13, 1-2.45-46 **Evangelium: Mk 1,40-46**

Liebe Mitchristinnen und Mitchristen,

da erfährt ein Mensch ganz unmittelbar: Gott ist da, er hilft. Der Aussätzige, so wird er im Evangelium genannt, mehr scheint er nicht mehr zu sein und zu gelten, einen Namen braucht er wohl nicht mehr in seiner Lebenssituation, dieser Aussätzige, kommt auf Jesus zu und bittet oder fordert ihn mit dem Satz: „Wenn du willst, kannst du mich rein machen.“ Ob es sich dabei um Vertrauen und Hoffnung in Gott oder um eine Provokation handelt, die herausfordern will, wird nicht deutlich.

Deutlich wird, Jesus lässt sich auf den Aussätzigen ein, er macht ihn gesund. Beim Lesen und Hören solcher Heilungsgeschichten kommt bei mir immer wieder auch die Frage hoch: Ist dies auch meine Erfahrung? Ist dies die Erfahrung von Menschen heute und hier oder doch bloß eine fromme Geschichte, die wir ehrfürchtig hören können, zu der wir dann aber doch sagen müssen, Realität ist so etwas nicht?

Mir sind dazu zwei Ereignisse sehr präsent, die mich immer wieder zum Nachdenken bringen und die mich in einer inneren Spannung halten.

Das eine liegt viele Jahre zurück. Ich war mit einer Soldatenwallfahrt in Lourdes. Dort habe ich in den Krankenbädern geholfen. Bis heute erinnere mich an einen jungen Mann, der damals etwa in meinem Alter war und an einer unheilbaren Knochkrankheit litt, so dass er, wenn wir ihn falsch oder zu heftig anfassten unsägliche Schmerzen hatte oder es sogar zu Knochenbrüchen kommen konnte. Er wollte in dieses Bad steigen und wir mussten ihn vorsichtig ausziehen und in das Bad bringen. Was mir bis heute in Erinnerung ist, ist die Hoffnung und die Kraft, die dieser junge Mann durch dieses Bad und seinen Glauben gefunden hat. Dieses Erlebnis berührt mich bis heute und vielleicht habe ich gerade auch deshalb diesen Beruf gewählt und stehe heute hier.

Und dann ist da ein anderes Erlebnis von vor einigen Wochen. Nach vielen Aufenthalten in verschiedenen Krankenhäusern ist ein Mann auf der Intensiv-Station gestorben. Im Gespräch mit den Angehörigen war viel Enttäuschung und Bitterkeit gegenüber Gott zu hören. Die Familie sagte, dass sie viel gebetet habe, damit der Mann und Vater wieder gesund wird und es hätte nichts geholfen. Ein Sohn sagte sehr deutlich: „Jetzt weiß ich, das Beten reine Zeitverschwendung ist.“

In mir entdecke ich beides wieder. Ich sehe, wie viel Kraft und Hoffnung und daraus auch in einem umfassenden Sinne Heilung Menschen aus dem Glauben und durch Gott finden können und ich sehe, wie sehr Menschen verzweifeln, weil sie erfahren, jetzt wo ich Gott so nötig gebraucht hätte, ist er nicht da. Wir haben gehofft und gebetet und nichts ist passiert. Ich spüre, dass ich auch in mir diese Spannung nicht auflöse und doch glaube, dass Gott sich uns Menschen zuwendet, so wie er es in Jesus gezeigt hat. Aber wie?

Jesus berührt den aussätzigen Mann, dadurch überwindet er eine Grenze, denn Aussätzige waren Unberührbare. Hier ist jemand einem Menschen nahe, in dessen Nähe sich niemand mehr traut, weil er um seine eigene Gesundheit bangen muss. Jesus macht sich durch sein Tun selbst zu einem Unberührbaren, aber er gibt einem Menschen, der ihn anspricht und fordert, ein Stück seiner Würde als Mensch zurück. Hier findet ein Aussätziger Kraft für sich und sein Leben. Auch wenn dadurch die Grenze seines Todes nicht überwunden ist, ist er doch aus seiner Isolation befreit.

Wir werden als Menschen Gott immer wieder so erfahren, als jemand der hilft und als jemand der unsichtbar bleibt, aber wir haben die Möglichkeit uns von Gott berühren zu lassen und zu erfahren, dass wir in unserer Not, unserem Leid und unseren Fragen nicht allein sind. Da sind Menschen in unserer Nähe, die uns ausgesprochen oder unausgesprochen Gottes Nähe zeigen, da ist das Wort Gottes, das uns neue Wege aufschließt, da gibt es die Sakramente, in denen Gott uns berührt.

Sie und mich!

Wunder gibt es immer wieder

10. Sonntag im Jahreskreis Lesejahr C
Schrifttexte: Lesung: 1.Kön. 17, 17-24 **Evangelium: Lk. 7, 11-17**

Liebe Mitchristinnen und Mitchristen,

dann muss schon ein Wunder geschehen!
Das ist die Aussage, wenn jemand sich in einer für ihn hoffnungslosen oder doch zumindest schwierigen Lage fühlt. Und wie ist das in unserem ganz alltäglichen Verständnis mit Wundern in dem Sinne, das etwas was eigentlich klar und bewiesen ist doch ganz anders kommt.

Das ist ein Wunder! Das sagen und meinen wir vielleicht auch, wenn etwas eingetreten ist, womit wir nicht gerechnet haben und das wir eigentlich für unmöglich gehalten haben.

Wie ist das aber mit den Wundern, die in den Evangelien und in der Bibel erzählt werden? Wie sehen wir die Wunder der heutigen Bibeltexte und ihrer Bedeutung für uns? Wie viele Mütter und Väter mussten schon erleben, dass ihre Kinder nicht wieder nach Hause kamen. Wer über viele Landstraßen fährt sieht dort Kreuze stehen wo Menschen, vor allem auch junge Menschen bei einem Autounfall starben! Mit wie vielen Müttern und Vätern habe ich am Grab gestanden, weil ihr Kind schon vor der Geburt oder kurze Zeit danach verstorben ist? Wie viel vergebliches Bangen, Klagen und Hoffen hat es in dieser Zeit gegeben?

Die Geschichte von Nain ist zu schön um wahr zu sein. Das kleine Dorf in Sichtweite des Berges Tabor gibt nichts Besonderes her. Ein ganz normales kleines Dorf. In ihm wird noch heute normal gelebt und gestorben, als sei hier vor 2000 Jahren nichts besonderes passiert, als sei hier nicht ein junger Mann der tot war wieder zum Leben erweckt worden, als sei hier nicht einer Mutter der Sohn zurückgegeben worden.

Der Kern dieser kurzen Erzählung heißt: Jesus ist der Herr über Leben und Tod. Es ist gut auf diesen Jesus zu vertrauen. Für seine Botschaft, dass der Tod im Reich Gottes nichts zu suchen hat, hat er sich ein kleines normales Dorf ausgesucht und nicht den Marktplatz einer Weltstadt.

So steht die Totenerweckung des jungen Mannes aus Nain im Zusammenhang mit vielen anderen Zeichen. Sie weißt darauf hin die Botschaft des Evangeliums die ans Leben verweist ist die „Frohe Botschaft“ für die vielen ganz normalen Menschen, besonders die Armen und am Rande stehenden. Alles was Menschen an den Rand stellt, was sie klein und krank macht, wird nicht mehr als selbstverständlich und schon gar nicht als gottgegeben hingenommen.

Und hier liegt vielleicht das eigentlich Wunderbare der Erzählung: Jesus hat eine Bewegung in Gang gesetzt, in der sich Menschen wieder Menschen zuwenden, durch die Menschen einander Gutes tun und durch die der Mensch, jeder Einzelne mehr wert ist als alle Reichtümer der Welt.

Und vielleicht ist momentan noch eine andere Deutung dieser kleinen Geschichte erlaubt. Ist der tote junge Mann auf der Bahre nicht auch Sinnbild für unsere kirchliche Situation. So sehr am Boden gelegen hat unsere Kirche schon lange nicht mehr, so sehr an den Rand gestellt wie heute war sie schon lange nicht mehr. Und es sind nicht die anderen, die dies tun. Die Kirche ist es selber. Aber vielleicht kann hier ein innerer Reinigungsprozess ansetzen, durch den sich die Kirche auf das wesentliche ihrer Botschaft besinnt, nämlich im Namen Gottes für den Menschen da zu sein, um so selber zu neuem Leben zu erwachen.

Unsere katholische Kirche ist Gott und den Menschen verpflichtet nicht dem Kirchenrecht, nicht dem Zölibat und nicht der Ordnung, dass nur Männer Priester werden dürfen. In ihrer Starrheit steht die Kirche in der Gefahr, sich selber das Grab zu schaufeln statt dem Leben zu dienen.

Kehren wir noch einmal nach Nain zurück: Ob es sich damals dort genau so abgespielt hat, ob eine glückliche Mutter ihren Sohn wieder in die Arme schließen durfte, können wir nicht nachprüfen. Aber die Botschaft der Bibel greift tiefer.

Der junge Mann, auch wenn ihm noch einige Jahre auf dieser Erde geschenkt wurden, musste wieder sterben.

Aber in den Herzen der Menschen, im Herzen der Mutter, im Herzen der Menschen die dabei waren, im Herzen vieler von uns lebte eine Botschaft, die uns sagt, dass dieser Jesus für uns die Grenze des Todes überwunden hat. Das er uns für unser irdisches Leben sagt, es ist gut und schön zu leben, es ist gut sein Leben in die Hand zu nehmen, es ist gut es mit Freuden zu leben. Und wir wissen durch Jesus, wenn es schwer und dunkel um uns wird, können wir darauf vertrauen, dass Gott unser Leben hält.

Wie auf Adlerfügeln

11. Sonntag im Jahreskreis Lesejahr A
Schrifttexte: **Lesung: Ex. 19, 2-6a** Evangelium: Mt. 9, 36 – 10.8

Liebe Mitchristinnen und Mitchristen,

beim Lesen des heutigen alttestamentlichen Textes kam mir ein Erlebnis aus einem Ferienlager, das ich 1985 in der Eifel leitete wieder in den Sinn. Wir haben mit allen Kindern den Vogelpark Hellental besucht und uns unter anderem auch die Greifvogelschau angeschaut.

Teil dieser Greifvogelschau war der Flug des Adlers. Ich fand es ungeheuer beeindruckend wie der Tierwärter diesen mächtigen Vogel auf den Armen hielt, ihn durch leichtes Anheben des Armes das Signal zum Fliegen gab und dieser mächtige Vogel sich dann mit ungeheurer Kraft bis auf 3000 Meter hochschraubte und nur noch als winziger Punkt zu sehen war. Ein Meister der Lüfte, der sicher und ohne Mühe flog und genau beobachtete was unten geschah und blitzschnell zurückflog als der Wärter ihm Futter zeigte, und sich, nachdem er es hatte, wieder hochschwang.

Majestät, Freiheit, Kraft und Sicherheit waren meine Gedanken und Gefühle. Mich so sicher und frei bewegen zu können der Wunsch, der dabei in mir aufkam.

„Ihr habt gesehen, wie ich euch auf Adlerflügeln sicher bis hierher getragen habe."

Das Volk Israel, gefangen, in der Sklaverei, unterdrückt, ist von JAHWE in die Freiheit geführt worden und es beginnt zu murren, als auf dem Weg in das neue Land Probleme auftauchen.

„Lass uns zurückkehren zu den Fleischtöpfen Ägyptens, dort konnten wir wenigstens satt werden. Was machen wir hier in der Wüste."

Noch ein Blick in das Leben des Adlers. In einem hohen, für Menschen nur schwer erreichbaren Horst zieht das Pärchen meistens zwei Junge groß. Wenn sie dann herangewachsen sind verlassen die alten Adler die Jungen und kehren erst zurück wenn sie fast verhungert sind. Dann jedoch ist nicht füttern angesagt, sondern die Mutter wirft eines der Jungen aus dem Nest. Es beginnt mühsam zu fliegen und erst wenn es abzustürzen droht, ist der Vater da und fängt es mit den eigenen Flügeln auf und bringt es zurück ins Nest. Nun wirft die Mutter das andere Junge aus dem Nest und die gleiche Prozedur beginnt von Neuem. Das gleiche wiederholt sich nun jeden Tag, bis die jungen Adler selbstständig fliegen können und selber zu Königen der Lüfte werden und die Freiheit und Weite des Adlerseins leben und die Angst überwinden.

„Ihr habt gesehen, wie ich euch auf Adlerflügeln sicher bis hierher getragen habe", und in Dtr. Kp 32 singt Mose das Lied: „JAHWE hilft Israel, wie der Adler, der seine Schwingen ausbreitet, ein Junges ergreift und flügelschlagend davonträgt."

Freiheit als Grundstock und Grundbedingungen jüdischen und christlichen Glaubens, nichts anderes wird in der Erzählung vom Auszug der hebräischen Sklaven aus dem Sklavenhaus Ägyptens hinein in das gelobte Land grundgelegt.

Die Gefahr und damit der Glaubensabfall, den wir als Juden und Christen, aber ich meine auch als Menschen anderer Religionen immer wieder betreiben, ist, dass wir Gott zu einer berechnenden Krämerseele machen, dem wir Gehorsam und Dankbarkeit zu leisten haben, vor dem wir Angst haben müssen, weil er der Richter der Welt ist. Ich persönlich glaube, Freiheit und nicht Gehorsam macht uns als Christen aus.

Und wenn JAHWE durch Mose den Israeliten sagt: Mir gehört die ganze Erde, ihr aber sollt mir als ein Reich von Priestern und als ein heiliges Volk gehören, dann sagt das auch, dass das Volks Israel Verantwortung dafür trägt, das dieser Freiheitsgedanke in die Welt hinausgetragen wird, das menschliche Abhängigkeit und menschliche Angst aus der Freiheit des Glaubens heraus beendet werden können.

Und hier dürfen wir, jede und jeder von uns, unseren eigenen Ängsten und unseren eigenen Unfreiheiten nachspüren und uns verkünden lassen, Gott ist größer als deine Ängste und Unfreiheiten und du als Mensch bist größer, weil JAHWE dein Gott ist, der dich trotz aller Angst und trotz allem Murren in die Freiheit führen möchte.

Mich fasziniert heute noch, wie der Adler völlig frei, hoch in der Luft seine Kreise zieht und bin erschrocken, wenn ich dagegen meine eigene ängstliche kleine Seele sehe, die um soviel freier sein könnte.

Freiheit, die der Glaube schafft

14. Sonntag im Jahreskreis Lesejahr C
Schrifttexte: **Lesung Gal. 6. 14-18** Evangelium: Lk 10, 1-12.17-20

Liebe Mitchristinnen und Mitchristen,

da grenzt sich jemand ab und das klar, deutlich und unmissverständlich!
Da setzt jemand klar und deutlich Akzente, macht deutlich worauf es ihm ankommt!
Da weiß jemand, worauf es ihm ankommt und das möchte er deutlich akzeptiert sehn!

Paulus, er macht am Ende des Briefes an die Galater noch einmal unmissverständlich klar worauf es ihm ankommt und woraus er seine Kraft nimmt.

Es sind Sätze, Aussagen, die uns vielleicht erst sehr weit weg erscheinen mögen, aber sie beinhalten eine geballte Ladung Theologie und Lebenserfahrung, die es in sich haben. Auch und vielleicht sogar vor allem heute.

Es heißt im Vers 15, Denn es kommt nicht darauf an, ob einer beschnitten oder unbeschnitten ist.

Ja, einfach und nett gesagt. Aber worum geht es. Es war ein langer und erbitterter Streit, der dem vorausging, und der noch immer nicht ganz ausgestanden zu sein scheint. Die Frage der jungen Kirche und der ersten Christen, die zunächst aus dem Judentum erwuchs, war:
Muss ein Nichtjude, der Christ werden will zunächst beschnitten werden, um dann Christ werden zu können. Ist dieses wichtige jüdische Zeichen der Verbundenheit nicht auch ein notwendiges Zeichen der Christen, in dem sie zeigen, dass sie zu Gott gehören und das daher unbedingt nötig ist, damit das Heil für den einzelnen Menschen anbrechen kann.

Für einen gläubigen Juden war es undenkbar unbeschnitten zu sein. Er galt als unrein. Zunächst nur zu verständlich, dass sie dieses elementare Zeichen auf ihren neuen Glauben übertragen möchten.

Für jeden Nichtjuden wäre jedoch die Beschneidung eine unüberwindbare Hürde gewesen, die verhindert hätte, dass er Christ würde.

Paulus kämpft nach seiner Bekehrung ein Leben lang dagegen, dass äußere Dinge so bedeutungsvoll werden, dass dahinter das Eigentliche verloren geht: Für Paulus gilt, dass wir uns als Menschen nicht durch unser Tun retten und erlösen können, sondern dass die Erlösung allein durch Jesus Christus kommt. Im Vers 14 drückt Paulus es so aus: Ich aber will mich allein des Kreuzes Jesu Christi unseres Herrn rühmen. Nicht um seine Leistung, seine Frömmigkeit, seine Wortgewandtheit geht es, sondern um Jesus Christus. Durch ihn kommt das Heil in die Welt.

Genau dies ist für Paulus das unmissverständlich Neue des christlichen Glaubens, der uns mit hinein nimmt in die unendlich große Freiheit, die uns allen geschenkt ist. In ihr können wir alle „Neue Schöpfung“ werden, wie Paulus es in Vers 15 benennt. Darauf kommt es an.

Dafür setzt Paulus sich ein, dafür riskiert er alles. Das nimmt auch die junge Kirche in einem langen und intensiven Kampf an. Wäre Paulus hier gescheitert, hätte die junge Kirche sich nicht diese Freiheit genommen, würden wir hier heute nicht Gottesdienst feiern.

Diese Kraft und diesen Mut vermisse ich, wenn ich heute in die christlichen Kirchen und auch auf mich selber schaue.

Wie sehr geben wir uns mit so vielen Äußerlichkeiten ab und halten sie für das Wesentliche, was es unbedingt zu erhalten gilt, was uns Heil bringen soll.

Mögen wir wirklich glauben, dass nur durch eine bestimmte Wortfolge im Hochgebet aus dem Stück Brot für uns Leib Christi wird?

Kann es sein, dass eine Messe nur dann gültig ist, wenn ein Kleriker das Evangelium vorliest?

Muss es heute nicht viel mehr darum gehen eine gute Seelsorge möglich zu machen, als ein bestimmtes Bild vom Priester zu erhalten?

Gibt es nicht wesentlich mehr Wege zu Gott, die Menschen beschreiten können, als die Pfade, die wir bisher gegangen sind?

Ich bin fest davon überzeugt, dass viele Dinge, mit denen wir uns herumschlagen und ärgern gegenüber der Frage, um die es Paulus ging Kinderkram sind, aber dass wir uns genau so die Freiheit Gottes neue Schöpfung zu werden selber zerstören.

Ich wünsche mir für mich, für uns und für unsere Kirche die evangelische Freiheit, die Paulus hatte, der den Mut hatte ganz anders an den Glauben heranzugehen, damit die Botschaft des Evangeliums für uns Menschen zur Lebensquelle wird.

Verpflichtet

15. Sonntag im Jahreskreis Lesejahr C
Schrifttexte: **Lesung: Dtn. 30, 10-14** Evangelium Lk 10, 25-37

Liebe Mitchristinnen und Mitchristen,

(mit dem Globus spielen- als Möglichkeit in die Predigt einzusteigen)
Sicherlich haben viele von ihnen irgendwann einmal den Spielfilm: „Der große Diktator“ mit Charlie Chaplin gesehen.
Der Film ist eine Persiflage auf das „Dritte Reich“ und seine Politik der Unterdrückung so vieler Menschen.
Charlie Chaplin spielt darin Adolf Hitler.

In der Mitte des Films gibt es dann die Szene, in der Charlie Chaplin mit dem Globus zu spielen anfängt. Es wirkt ganz leicht und anmutig und zeigt darin gerade seine grausige Barbarei.

In dem Spiel, dem Tanzen mit dem Globus zeigt sich, wie er die Welt versteht. Sie ist sein Objekt, mit der er machen kann was er will. Mal hochwerfen, mal aufspringen lassen, mal festhalten, mal treten. Die Welt ist Objekt, in die willkürliche Umgangsweise eines Menschen oder einer Partei hineingestellt. Und nicht nur die Welt mit ihren Städten, Ländern und Kontinenten, sondern ebenso die Menschen.

Alles hat nur den einen Zweck. Spielball zu sein, der Befehlsgewalt eines Diktators unterstellt, weiter nichts. Der Mensch hat keinen Wert an sich. Was er zu tun und zu lassen hat, das entscheiden andere.

Das Spiel mit dem Globus.

Auch heute noch wird so mit der Welt, der Schöpfung und den Menschen gespielt.

Mir kam diese Filmsequenz und ihre Bedeutung in den Sinn als ich die Texte des heutigen Sonntags las.

Im Buch Deutronomium, dem 5. Buch Mose, das auch als das Gesetzesbuch des jüdischen Volkes gilt und die grundlegenden Weisungen enthält, taucht auch immer wieder die Formulierung auf: Du sollst.
Du sollst auf die Stimme Gottes hören,
Du sollst auf seine Gebote und Gesetze achten
Du sollst
Du sollst...

Von vielen Menschen, engagierten oder weniger engagierten Christen oder auch Andersgläubigen werden diese absoluten Forderungen Gottes häufig als unterdrückend oder auch als willkürlich erlebt.

Warum soll ich, sollen wir als Menschen diese Gebote, die dann noch durch eine Vielzahl an Kirchengeboten erweitert werden, einhalten? Können wir nicht selber entscheiden was gut und richtig ist? Passen diese Gebote und Gesetze eigentlich noch in eine Zeit, die sich so sehr verändert hat?

Für andere spielen sie schon gar keine Rolle mehr, sie haben sie ad Acta gelegt. Erledigt.

Ist Gott der, der willkürlich Gebote setzt, der uns nicht zutraut selber zwischen Gut und Böse, zwischen richtig und falsch entscheiden zu können?
Ist er ähnlich wie ein Diktator jemand, der willkürlich Gebote aufstellt, die dann zu befolgen sind?

Ist die Erde, sind wir Menschen Objekte für ihn, mit denen er nach Gutdünken umgehen kann und darf?

Nein.

Denn in dem heutigen Text aus dem Buch Deutronomium wirbt Gott um den Menschen und um seine Gebote und Offenbarung:
„Das Gebot, das ich dir heute auferlege, geht nicht über deine Kraft und ist nicht fern von dir.“
Es ist nicht im Himmel und ebenso wenig ist es weit über den Ozean, so dass wir es nicht erreichen können.

„Nein, das Wort ist ganz nah bei dir. Es ist auf deinem Mund und in deinem Herzen.“

Es bedeutet nichts anderes, als dass das Wort Gottes von seinem innersten Wesen her den Menschen und dieser Erde verbunden ist und nicht irgendeine willkürliche fremde Himmelsbotschaft ist.

Das Wort und die Gebote binden sich an den Menschen und an sein Leben. Das Wort ist in unserem Herzen, was dann nichts anderes bedeutet, es ist von unserem ganzen Wesen her in uns, es entspricht unserem innersten Wesen als Menschen. Intuitiv können wir uns auf dieses Wort verlassen.

Nichts anderes will das Wort Gottes.

Ein Auftrag für uns als Christinnen und Christen ist es dann immer wieder dieses Wort Gottes in die Gegebenheiten und Anforderungen unseres Lebens, unserer Zeit und unserer Probleme zu übersetzen, weil das Wort Gottes nur so eine Hilfe für uns sein kann.

In den vielen Fragen unserer Zeit, brauchen wir dieses Wort Gottes, diese Botschaft der Liebe, die den Menschen und die Schöpfung in den Mittelpunkt stellt mindestens so dringend wie Generationen vor uns.

Ball nochmals spielen lassen.

Vielfach droht der Mensch zum Spielball zu werden, zum Objekt mit dem etwas gemacht wird. In der globaler werdenden Wirtschaft, in der das Geld mehr zählt als der Mensch, in der Forschung, auch in der medizinischen Forschung, lauert diese Gefahr, weil der Mensch immer wieder zum Objekt menschlicher Willkür werden kann.

Hier möchte ich nicht pauschal irgendetwas verurteilen. Wir Menschen müssen forschen und arbeiten, jedoch wird es in Zukunft immer wichtiger sein zu fragen, was wir um Gottes und des Menschen willen tun oder bleiben lassen sollten.

Das Wort Gottes, seine Offenbarung und seine Gebote wollen uns nicht knebeln, sondern helfen unser Leben sinnvoll und frei zu gestalten, es will uns helfen nicht zum Spielball irgendwelcher Mächte und Machenschaften zu werden.

Vertrauen können

16. Sonntag im Jahreskreis Lesejahr A
Schrifttexte: Lesung: Weish. 12, 13.16-19 **Evangelium: Mt. 13, 24-33**

Liebe Mitchristinnen und Mitchristen,

wenn Jesus ein Gleichnis erzählt, will er seine Zuhörer auf eine Spur setzen, er will sie zum Nachdenken und Spüren anregen. Keinesfalls will er ihnen schon die fertige Lösung servieren, oder als Guru erscheinen, der schon alles weiß und richten wird.

Es gehört schon Mut, Vertrauen, Wissen um die Sache selber dazu, die den Bauern im heutigen Evangelium seinen Knechten die Anweisung geben lässt zunächst einmal das Unkraut nicht auszurupfen, sondern es mit der Saat wachsen zu lassen.

Die Knechte stehen für eine menschliche Eigenschaft, die lieber nur das gute und perfekte wachsen sieht und das andere ausrupfen möchte. Am liebsten mit Stumpf und Stiel.

Aber es lässt sich wohl gar nicht immer so einfach trennen. Das Unkraut, von dem Jesus im Gleichnis erzählt, ist Taumellolch. Diese Pflanze wächst im Mittleren Osten und ist eine ziemliche Plage. Sie ist fast ein Gift. Man kann sie aber nur zur Erntezeit vom Weizen unterscheiden. Da neigt der reife Weizen seine Ähre, das Unkraut bleibt aufrecht stehen, und der Bauer kann es zuerst einsammeln.

Warten und Geduld sind angesagt, sonst kann die ganze Ernte schnell vernichtet sein. Wissen und Vertrauen sind nötig, damit das Warten möglich wird. Doch es geht im Evangelium nicht um einen landwirtschaftlichen Exkurs sondern um wichtiges Grundwissen und um wichtige Grunderfahrungen.

Gott bringt das Vertrauen auf zunächst einmal alles wachsen zu lassen. Übertragen bedeutet es, er bringt das Vertrauen auf, jeden Menschen sich so entwickeln zu lassen, wie er es für sich entscheidet. Es ist nicht klar was aus ihm wird, es ist nicht schon immer klar was gut und was schlecht ist, manchmal muss sogar Gutes und Schlechtes wachsen dürfen, damit das Gute groß werden kann. Das gilt auch für das Himmelreich, wie die nachfolgenden Gleichnisse vom Senfkorn und vom Sauerteig deutlich machen.

Mir selber, ich glaube aber auch vielen von uns, fällt es häufig schwer zunächst einmal alles zulassen zu können, um zu sehen und später entscheiden zu können was richtig oder falsch, gut oder böse ist.

Wir halten es häufig nur schwer aus, wenn ein anderer Mensch, besonders wenn er uns nahe steht, einen Weg einschlägt den wir nicht gutheißen oder nur nicht verstehen. Besonders gilt dies sicherlich auch für uns Eltern den Kindern gegenüber. Wachsen lassen und das Vertrauen zu haben, es wird gut, ist nicht einfach und doch häufig bitter nötig.

Das Gleichnis denke ich hat auch Bedeutung für jede Person. Jede und jeder spürt in sich selber Dinge die er an sich gut findet, die in Ordnung sind und anderes von dem er oder sie sagt, das finde ich an mir nicht gut und nicht in Ordnung, das möchte ich am liebsten sofort entfernen, doch es geht nicht. Ich habe meine Fehler, meine Schatten und meine schwachen Seiten. Ich glaube, es ist häufig viel christlicher sich auch in seinen schwachen Seiten lieben und annehmen zu lernen als diese mit Gewalt verändern oder abschaffen zu wollen. Haben wir diese Barmherzigkeit uns selber gegenüber? Gesünder im wörtlichen Sinne wäre sie häufiger!

Und auch während einer Krankheitsphase ist es wichtig die Krankheit zu sehen und sie annehmen zu lernen, Geduld und Vertrauen aufzubringen, damit ein ganzheitlicher Heilungsprozess einsetzen kann. Es gehört auch dazu zuzulassen, dass nicht mehr alles möglich ist was vor einiger Zeit noch gut ging. Auch hier nur das vermeintliche Unkraut ausreißen zu wollen, kann bedeuten sich selber die Möglichkeiten zu nehmen, die jeder hat oder auch noch hat, auch wenn es nicht wieder in einem ursprünglichen Sinne gut wird.

Für mich ist das heutige Evangelium eine frohe Botschaft, weil es zulassen und wachsen lassen kann und weil es eine Hoffnung gibt, die eine gute Ernte verspricht! Und für sie?

So möchte ich beten

17. Sonntag im Jahreskreis Lesejahr C
Schrifttexte: **Lesung: Gen. 18, 20-32** Evangelium: Lk 11, 1-13

Liebe Mitchristinnen und Mitchristen,

wenn mich jemand nach der Bibelstelle fragt, die ich ganz besonders mag, dann nenne ich die Geschichte der heutigen Lesung aus dem Buch Genesis.

Abraham verhandelt mit Gott. Die Städte Sodom um Gomorra sollen wegen ihrer Taten und ihrer Sünden vernichtet werden. Gott hat seine Boten schon ausgesandt. Und da steht Abraham auf und beginnt mit Gott zu verhandeln.

„Vielleicht gibt es fünfzig Gerechte und sie sollen auch sterben, weil andere falsch gehandelt haben und der Richter über die ganze Erde sollte sich nicht an das Recht halten?"

Abraham nimmt wahr wie Gott ist und nutzt es. Er nutzt es, nutzt es vielleicht auch aus, dass Gott die Menschen liebt, er nutzt es, dass Gott sich auch an das von ihm gesetzte Recht halten muss.

Wer vielleicht einmal Verhandlungen auf einem orientalischen Basar geführt oder davon gehört hat, weiß, dass dort geschmeichelt wird, dass gedroht wird und dass versucht wird mit immer neuen Tricks den Preis zu drücken. Und dennoch genießen beiden Seiten die Verhandlungen. Vorschnell etwas zu akzeptieren wäre das Schlimmste und würde bedeuten den anderen nicht ernst zu nehmen. Und so führt Abraham die Verhandlungen weiter und dreht gleichzeitig den Spies um:

„Und wenn nur fünf fehlen, sollen dann die fehlenden fünf Schuld sein, dass die beiden Städte vernichtet werden?"
Abraham setzt ein ums andere mal nach, macht sich klein, schmeichelt bietet sich an und handelt so Gott auf 10 Gerechte herunter.

Was fasziniert mich an diesem Text? Es kommt zu einer unmittelbaren Beziehung zwischen Gott und Abraham. Beide nehmen sich in einer sehr konkreten Verhandlungssache als Partner an, sie trauen sich und muten sich etwas zu. Abraham ist nicht einfach nur der Kleine, der vielleicht eine Bitte äußern darf und ansonsten vom Wohlgefallen Gottes abhängig ist.

So möchte ich beten und mit Gott sprechen können, Dann würde ich ihn als Partner in meinem Leben annehmen. Zu diesem Gott kann ich aufrecht mit allem

was mich angeht hingehen, mit meinem Lob und Dank, mit meinen Anliegen und Fehlern und auch mit meinen Zweifeln und meinem Ärger.
Und genau dazu ermuntert Jesus auch seine Freunde. Erwartet von Gott etwas, seid keine Duckmäuser, macht euch nicht unnötig klein vor ihm, seht ihn als einen verlässlichen Partner in eurem Leben.

Dazu gehört den Namen Gottes heilig zu nennen, weil er Gott ist, dazu gehört von seinem Reich alles zu erwarten, dazu gehört aber auch, um die ganz alltäglichen Dinge zu bitten, weil Gott gerade auch da hineingehört.

Und weil Jesus dieser Wesenszug Gottes als Partner unseres Lebens so entscheidend wichtig ist, führt er dies noch einmal weiter aus, in dem er Gott mit einem Freund und einem Vater vergleicht und gleichzeitig sagt: Gott ist noch mehr.

Gott ist Partner meines Lebens. Richtiges Beten heißt dann, das was mich angeht, was mir Sorgen bereitet, was mich traurig oder wütend macht, aber auch das, was mir Mut macht, was Freude bereitet und ebenso die Eintönigkeit des Alltags gehören in das Gebet jedes Menschen. Nichts anderes machen die Psalmen des Ersten Testaments. Sie bringen das Leben vor Gott.

Und wenn mich jemand im Krankenhaus fragt, darf ich denn mit Gott hadern, darf ich ihm meine Wut, meine Angst und meine Sorgen sagen, dann glaube ich ganz unbedingt, dass wir gerade das tun müssen, damit wir mit Gott in Beziehung bleiben, weil wir Gott so in unser Leben einlassen.

In Gebetsformeln finden wir unseren Glauben nur schwer, aber wenn unser Gebet die Sprache unseres Alltags ist, dann ist Gott da. So möchte ich immer wieder mit Gott sprechen können.

Mehr als wir fassen können

19. Sonntag im Jahreskreis Lesejahr C
Schrifttexte: **Lesung: Hebr. 11, 1-2.8-12** Evangelium: Lk 12, 32-48

Liebe Mitchristinnen und Mitchristen,

Glauben heißt –nicht Wissen – eine Aussage, die oft schnell daher gesagt ist, wenn es um die Wirklichkeit des Glaubens geht. Sie scheint dem entlehnt zu sein, was wir gerade im ersten Satz der Lesung an die Hebräer gehört haben: „Überzeugt sein von Dingen die man nicht sieht."

Was steckt hinter dieser schnell daher gesagten Aussage?
Welche Bedeutung kommt dem Glauben oder dem Wissen zu?

Klar, wir wissen einiges, fasst man alles Wissen der Erde zusammen, vielleicht sogar vieles. Aber wenn wir ehrlich sind, mit allem Wissen was wir gesammelt haben, tun sich nur neue Fragen auf und mit jeder neuen Erkenntnis, auf welchem Gebiet auch immer, kommen fünf Fragen hinterher. Und wir Menschen beginnen wieder zu suchen und zu forschen, stellen neue Glaubenssätze auf und versuchen sie zu beweisen.

Anders wäre so mancher Fortschritt gar nicht möglich geworden. Gut so!

Also spielen Glaube und Wissen sich nicht gegenseitig aus, sondern bedingen oder ergänzen sich?

Werner von Braun sagte einmal sinngemäß, je mehr ich weiß von dieser Welt, umso deutlicher stoße ich auch auf Gott. Schon auch wohl deshalb, weil er mit seinem Wissen noch lange nicht den Sinn dahinter kennt und noch lange nicht die letzten Fragen beantwortet hat. Was ist jenseits der Grenze unseres menschlichen Wissens und Begreifens?

In der PAX-Christi Kirche in Krefeld steht ein Kunstwerk, es heißt „Das Tor zur Ewigkeit". Es ist ein großes Tor aus schwarzem poliertem Basalt. Wenn man es von weitem sieht, lädt es ein hinzugehen, es zu öffnen, neugierig zu sein auf das was dahinter ist. Aber es ist weder ein Griff noch ein Schlüsselloch an diesem Tor. Durch die Art und Weise, wie wir es gewohnt sind Türen zu öffnen ist dieses Tor nicht zu öffnen und doch macht es den Eindruck, es gibt etwas dahinter. Tritt man vor dieses Tor, sieht man sich selbst und das was in der Nähe ist. Der Blick auf dieses Tor wirft uns zurück auf uns selbst.

Mit meinem Wissen über Türen und Tore öffne ich dieses Tor nicht, aber es sagt mir, dahinter muss noch etwas sein.

Und mein Glaube?

Der Autor des Hebräerbriefes macht deutlich, dass da, wo es eigentlich nichts mehr zu holen gibt, immer noch etwas Großes möglich ist für den der glaubt.

Denn es ist widersinnig, dass ein umherziehender Halbnomade wie Abraham Land besitzen soll. Es ist widersinnig, dass eine Frau im hohen Alter noch ein Kind bekommt und das ein alter Mann, dem alle Kraft abhanden gekommen ist noch einmal Vater wird. Es ist widersinnig den Sohn, den man als Hoffnungsträger geschenkt bekommen hat, wieder herzugeben.

Aber dadurch, das Abraham trotz all dieser vollkommen widersinnigen Dinge glaubt, glaubt, dass die Verheißung Gottes nicht dahergesagt ist sondern gilt, für ihn gilt, das das, was sein Verstand und Wissen für unmöglich hält, durch Gott möglich wird. Durch seinen Glauben und seine Hoffnung eröffnet er sich einen neuen Horizont und neue Lebensmöglichkeiten. Er hat den Griff für das „Tor zur Ewigkeit“ gefunden, der die Tür öffnet und ihn dahinter schauen lässt.

Abraham und Sara, sie sind geschichtliche Personen einer längst vergangenen Epoche. Ja! Aber etwas von Abraham und Sara lebt in jedem von uns, nämlich genau dann, wenn wir unsere Hoffnung nicht aufgeben obwohl zunächst einmal alles dagegen spricht, dann, wenn wir beginnen zu glauben, dass Gott seine Beziehung zu uns hält auch wenn wir im Moment nichts dazu beitragen können, dann wenn wir hoffen, dass Gott uns in den schwierigen Situationen unseres Lebens trägt.

Glaube ist feststehen in dem was jeder von uns erhofft und davon überzeugt sein, dass es mehr gibt, als wir mit unseren Augen sehen und mit unseren Händen fassen können.

Hoffen – Drängen – Glauben

20. Sonntag im Jahreskreis Lesejahr A
Schrifttexte: Lesung Jes. 56, 1.6-7 Evangelium Mt. 15. 21-28

Liebe Mitchristinnen und Mitchristen,

ist das Jesus, von dem da im heutigen Evangelium erzählt wird?
Zunächst scheint er die Frau, die ihn anspricht und bittet einfach zu überhören und zu ignorieren, gerade so, als wenn uns jemand entgegenkommt und wir wegschauen, um nicht bemerkt oder angesprochen zu werden.

Ist das Jesus, der Menschen mit Hunden vergleicht und die Frau in einer solchen Art und Weise abwertet und sich für nicht zuständig erklärt.

Ist das Jesus?

Und seine Jünger? Auch sie wollen die Frau wegschicken.

Die Frau hat einen guten Grund Jesus so nachhaltig und renitent zu bitten. Ihre Tochter ist krank. Wahrscheinlich ist es eine schwere psychische Erkrankung, die sie seit Jahren quält und am Leben hindert. Die Mutter möchte, dass ihre Tochter wieder gesund wird. Sie ist wahrscheinlich schon zu vielen Ärzten gerannt und niemand hat wirklich helfen können.

Sie wird auch als Kanaaniterin etwas von Jesus gehört haben und von seiner Macht Menschen zu begegnen und ihnen zu helfen, ihnen Perspektiven zu eröffnen, die vorher nicht sichtbar waren, ihnen neues Leben zu ermöglichen. Sie weiß auch, das Jesus Jude ist und deshalb zu Juden spricht, doch das hält sie eben nicht davon ab auf diesen Jesus zuzugehen und ihn anzugehen, weil sie von ihm etwas möchte, weil sie etwas erwartet und weil sie sicher ist, er hat etwas zu geben.

Vielleicht brauchte es noch diese letzte Dringlichkeit, die dann in ihrer Aufdringlichkeit sichtbar wird, damit die Tochter geheilt werden kann. Die Mutter wollte die Heilung ihrer Tochter so unbedingt, dass dahinter alles andere zurücksteht.

Und genau an dieser Stelle wird eine andere, im ersten Hinschauen verborgene Sinnspitze dieses Evangelium deutlich.

Es geht um Vertrauen und Glaube. Die kanaaneischen Mutter zeigt einen unbedingten, mit ihrem Leben verbundenen Glauben an diesen Jesus, deshalb lässt sie nicht locker und kämpft.

Und Jesus lässt sich dann herausfordern, weil spürbar wird, hier erwartet jemand etwas, hier glaubt und vertraut jemand, hier lässt jemand nicht so schnell locker, hier lässt jemand mich nicht in Ruhe, weil ich nicht gleich darauf eingegangen bin. Hier geht es um sehr viel. Hier bin ich im Spiel.

Jesu Antwort: „Frau, dein Glaube ist groß. Was du willst, soll geschehen."

Gott so mit dem eigenen Leben, mit dem was uns so unmittelbar betrifft anzugehen, ihn nicht in Ruhe zu lassen, es nicht bei großen Worten oder Vertröstungen zu belassen, das ist Vertrauen, das ist Glaube.

Und hier überträgt sich das Evangelium auf unser Leben. Hier kommen unser Glauben und unser Vertrauen ins Spiel.

Reicht mein Glaube so weit, das ich Gott mit dem konfrontiere was mein Leben ausmacht, was mir in meinem Leben unbedingt wichtig ist.

Traue ich mir und ihm zu, das er etwas damit zu tun hat, wenn ich Hilfe brauche, wenn ich nicht mehr weiter weiß, wenn Not oder Angst mich quälen?

Traue ich mir und ihm zu, dass ich Hilfe erwarten kann wenn es um lebenswichtige Dinge geht?

Traue ich mir die Härtnäckigkeit der kanaaneischen Frau gegenüber Gott zu?

Traue ich mir Gott zu?

Herausgefordert

21. Sonntag im Jahreskreis Lesejahr B
Schrifttexte: **Lesung: Jos. 24,1-2a15-1718b** **Evangelium: Joh. 6. 60-69**

Liebe Mitchristinnen und Mitchristen,

in den Bibelstellen dieses Sonntags geht es keinesfalls harmlos zu.

Josua konfrontiert das Volk Israel nachdem es das verheißene Land in Besitz genommen hat: Wenn es euch nicht gefällt, dem Herrn zu dienen, dann wählt euch heute, wem ihr dienen wollt: Den Göttern euerer Väter, oder den Göttern der Emoriter.

Im ungekürzten Text stellt Josua diese Frage zweimal. Er bringt es auf den Punkt, fordert das Bekenntnis der Israeliten.

Der Evangelientext ist nicht weniger harmlos: Seine Worte sind hart, wer kann sie anhören? So die Aussage vieler Jünger Jesu und sie verlassen Jesus, begleiten ihn nicht mehr.

Und Jesus konfrontiert die Zwölf: Wollt auch ihr weggehen?

Nein, zahm, glatt und harmonisch sind diese Stellen nicht. Und sie halten uns heute einen Spiegel vor, spiegeln unsere gemeindliche und kirchliche Situation wieder.

Wenn ich die Jahre, die ich als Seelsorger arbeite nachgehe und die Augen offen halte, dann sehe ich, dass die Kirchenbänke leerer geworden sind, und viele bemerken in Gesprächen: Wir sind als Christinnen und Christen doch wenige geworden.

Ist die Entwicklung so, die der „Zehn kleinen Christen“ von denen nur noch einer bleibt?

Ja, auch bei Jesus war es schon so. Die Leute haben sich nicht nur um ihn gescharrt. Nein, das Gegenteil ist wohl der Fall.

Es gab mehr die Anstoß genommen haben, als solche die ihm folgten. Seine Worte waren nicht nur klar, einfach, durchschaubar und frohmachend. Sie waren für die Juden in vielen Dingen ein echtes Ärgernis. Und Jesus rennt ihnen nicht nach, versucht nicht jede Schwierigkeit aufzulösen, sondern setzt noch einen drauf: Was werdet ihr sagen, wenn ihr den Menschensohn aufsteigen seht? Und er erklärt, dass es welche gibt die nicht glauben und wohl auch niemals glauben werden.

Im Johannesevangelium ca. 100 nach Christus geschrieben, begegnet uns eine Gemeinde die in einer Krise steckt. Da gab es vor allem Juden, die mit diesem Jesus nichts zu tun haben wollten. Es war ihnen suspekt, dass er sich als Gottes Sohn bezeichnet. Das war mit ihrem Eingottglauben nicht vereinbar.

Für die junge Gemeinde eine echte Anfrage. Glauben wir das richtige, wenn so viele nicht glauben, oder sogar weggehen. Liegen wir eigentlich richtig, oder haben die anderen doch recht? Was ist eigentlich wirklich wichtig? Werden wir als Gemeinde und Gemeinschaft überleben?

Eine ernsthafte Krise der ersten Christengemeinde.

Und da entdecke ich viel von unserer heutigen Situation. Menschen gehen, langsam, ganz heimlich oder auch lautstark, können mit ihrer Gemeinde, mit der Kirche, mit ihrem christlichen Glauben nichts mehr anfangen.

Ich möchte das von dieser Stelle nicht beurteilen, es steht mir nicht und sonst niemanden zu, denn Glaube lässt sich nicht befehlen und verordnen: Niemand kann zu mir kommen, wenn es ihm nicht vom Vater gegeben ist, sagt Jesus. Aber ich merke schon, dass es auch mich, meinen Glauben und mein Verbleiben in dieser Kirche ernsthaft anfragt.

Und es gibt handfeste Dinge, die Menschen verärgern. Für den einen mag es die fehlende Bereitschaft zum Dialog und zum partnerschaftlichen Umgang in der Kirche sein. Für einen anderen die viele Stellungnahmen, die oft weniger die Notlage von Menschen im Blick haben als die Lehre der Kirche. Für viele Frauen und Männer die Rolle der Frau in der Kirche, wieder für andere, dass sie sich von der Kirche in Notlagen verlassen fühlen. Manche Menschen weil sie mit dem was im Gottesdienst geschieht, gesagt und gefeiert wird nichts anfangen können und auch das gibt es, Menschen bleiben weg weil es gerade „In“ ist und ihnen die Kirche schon lange zu anstrengend ist.

Und ich will hier auch ganz ehrlich sein, es gibt auch für mich Dinge, die mir das Glauben und die Zugehörigkeit zur Kirche nicht einfach machen und in vielen der gerade aufgezählten Punkte kann ich mich wiederfinden.

Krisenstimmung. In vielen Gremien beschäftigt man sich damit, wie es mit dem Glauben in unserer Zeit und mit der Kirche weitergehen soll. Und diese Anfragen, Schwierigkeiten und Probleme mit der Kirche und dem eigenen Glauben müssen offen genannt und diskutiert werden dürfen. Totschweigen und Schönfärberei sind nichts wert, machen die Situation eher schlimmer, als dass sie helfen.

Aber es gibt auch Hoffnungen: Auf die Frage an die Zwölf: Wollt auch ihr weggehen? antwortet Simon Petrus: Herr, zu wem sollen wir gehen? Du hast

Worte des ewigen Lebens. Wir haben geglaubt und erkannt: Du bist der Heilige Gottes.

Neben allem was vielleicht muffig, staubig und überholt erscheint, gibt es viel mehr echte Lebendigkeiten in unserer Kirche und Gemeinde als wir vielleicht auf den ersten Blick vermuten. Ich höre hier im Krankenhaus die Fragen die Menschen haben und ich höre wie sie durch ihr Fragen Kraft gewinnen und wie sie Gott und ihren Glauben als etwas erleben, dass in einer Krisenzeit trägt.

Damals wie heute gibt es Krisen, aber ich möchte ein bisschen wie Petrus die Hoffnung nicht aufgeben, das unser Glaube für viele Menschen eine wichtige Lebensgrundlage ist und die Welt ohne Glauben ärmer und kälter wird.

Trotz vieler Schwierigkeiten und Probleme ist diese Kirche und unsere Krankenhausgemeinde auch ein Ort, der mich leben und froh sein lässt

Eine Kirche, die nicht dient....

22. Sonntag im Jahreskreis Lesejahr C
Schrifttexte: Lesung Sir. 3,17-18.20.28-29 **Evangelium: Lk 14, 1.7-14**

Liebe Mitchristinnen und Mitchristen,

ich frage mich, für wen ist der heutige Evangelientext eigentlich geschrieben? Was soll ein solcher Text?

Ein kleines bisschen christliche Anstandslehre mit dem jesuanischen Ratschlag zur Bescheidenheit? Das ist mir zu billig und zu einfach!

Und auf unsere Gemeinden und ihr Leben scheint mir der Text auch kaum bezogen zu sein. In der Regel bleiben da die vorderen Plätze von selber frei.

Vielleicht ist der Text schon eher eine Mahnung und Warnung an die Kirche und Gemeinde selber.

Auffallend ist für mich, dass in der Leseordnung für diesen Sonntag ein ganz wichtiger Teil des Textes gestrichen wurde. So wie der Text heute vorgelesen wurde, können sie als Zuhörerinnen und Zuhörer den Eindruck gewinnen, das die Menschen Jesus, wie in Vers 1 im 14. Kapitel des Lukasevangeliums erzählt, genau beobachten um festzustellen, was er wohl zu den Menschen sagt, die sich die besten Plätze aussuchen.

Aber gerade darauf bezieht sich das Tun Jesu zunächst nicht.
In den Versen 2- 6 im 14. Kapitel des Lukasevangelium wird von der Heilung eines wassersüchtigen Mannes erzählt. Und diese Heilung geschieht an einem Sabbat. Für den Frommen, und dafür werden die Pharisäer als Paradebeispiel benutzt, ein schreckliches Vergehen. Das ist die Lehre, die Jesus erteilt.

Jesus führt ihnen vor, das es bei allem Tun, auch bei allen religiösen Gesetzen und Vorschriften, bis in unser Kirchenrecht hinein, um den Menschen gehen muss und nicht um ein Gesetz oder eine Regel. Es geht um den Menschen. Punkt!

Auf diesem Hintergrund ist dann auch die heutige Textstelle zu lesen. Sie führt dann den ersten Gedanken nur weiter.

Es ist eben nicht eine einfache christliche Benimmregel die hier aufgestellt ist, nach dem Motto Bescheidenheit ist eine Zier doch...

Nein eher eine Mahnung an den einzelnen Menschen, besonders an die, die von Gott in besonderer Weise eingeladen sind, sich nicht auf sich selber zu beziehen, sich nicht selber in den Mittelpunkt zu stellen und dafür zu sorgen einen guten Platz zu bekommen. Und da biblische Texte sich immer auch auf das Leben und Tun der Gemeinden und Kirche beziehen, geht es im Kontext dieser Evangelienstelle um eine deutliche Mahnung an die Gemeinden und die Kirche insgesamt.

„Sorgt euch nicht um eure ersten Plätze, sondern schaut dahin wo Menschen eure Hilfe gebrauchen. Sorgt euch nicht darum ob ihr gut dasteht, gut zur Geltung kommt oder genügend beachtet werdet, sondern sorgt euch um die Menschen, die eure Hilfe brauchen und die ansonsten wenig beachtet werden. Wenn ihr euch nur mit denen arrangiert die euch zurückgeben, was ihr ihnen gibt, ist das ganze ein Nullgeschäft und hat eigentlich keine Bedeutung."

Wir als Christinnen und Christen, aber auch die Kirche insgesamt haben in den letzten Jahren und insbesondere nochmals in der letzten Zeit die schmerzhafte Erfahrung gemacht, das wir gesellschaftlich nicht mehr die vorderen Plätze einnehmen, an diese Stelle sind andere getreten.

Es ist fast so, das der Kirche gesagt wird. Mach den vorderen Platz frei, es gibt andere, die sind vornehmer als du, sie sind mir wichtiger, weil sie für meinen Ruf und Einfluss besser sind als du. Deutlicher: Geld bestimmt den Einfluss und die Moral unserer Gesellschaft, nimmt die vorderen Plätze ein und entscheidet was vermeintlich gut und schlecht ist.

Das dabei der Mensch wenig beachtet wird, scheint häufig wirklich nur noch zweitrangig zu sein.

Vom ehemaligen Bischof von Evreux Jaques Galliot stammt die Aussage: „Eine Kirche, die nicht dient, dient zu nichts."

Die gesellschaftliche Machtstellung der Kirche wird abnehmen, ich glaube auch, das unsere Kirche, unsere Gemeinden in den nächsten Jahren ein ganz anderes Aussehen bekommen werden und das wird dann auch Einfluss auf uns als Christinnen und Christen haben!

Es darf kein frommer Rückzug sein, der sich nur auf liturgisches oder religiöses in einem engeren Sinne bezieht.

Vielmehr wird es so sein müssen, das in der Kirche jeder Mensch, sie und ich, der Nachbar neben uns, der Mensch in der Ferne, der Fromme und der Atheist mit seinen Sorgen und Fragen in den Mittelpunkt kommen und wir einander dienen.

Gott hat uns als Kirche und Christen nicht die Sorge um die vorderen Plätze als Aufgabe gegeben sondern die Sorge um den Menschen.

Mögen wir dies?

Andere Maßstäbe

28. Sonntag im Jahreskreis Lesejahr A
Schrifttexte: Lesung: Jes. 26, 6-10a **Evangelium: Mt. 22, 1-10**

Liebe Mitchristinnen und Mitchristen,

weshalb kann ein Mann, der zufällig an den Ausfallstraßen der Stadt zum Hochzeitsmahl eines Königssohnes geladen wird, dadurch eine Majestätsbeleidigung begangen haben, dass er kein Hochzeitsgewand trägt - als ob jeder immer so gekleidet wäre, dass er jederzeit an einer Hochzeit teilnehmen könnte. Warum wird er derart bestraft?

Was ist von einem Königreich zu halten, dessen Bürger auch auf mehrmalige Einladung zum Fest ihr Kommen konstant verweigern? Wie kommen sie dazu sogar die Boten zu töten?

Muss in der Folge der König gleich die ganze Stadt vernichten? Hätte er nicht die Täter ausmachen können und sie für ihre Untaten bestrafen? Und wie ist es zu verstehen, dass die Hochzeichtsvorbereitungen unverändert weitergehen und zum Ende x-beliebige Menschen von der Straße eingeladen werden?

Um diese Geschichte nur ein wenig verstehen zu können, muss man die Situation sehen, in die Jesus hinein gesprochen hat und man muss sie als eine Bildgeschichte lesen, in der viele Dinge eine geheime Bedeutung haben.

Jesus selber erfährt, dass seine Einladung an die Menschen kaum ankommt. Seine Botschaft vom Himmelreich scheint niemanden zu interessieren. Keiner will kommen, obwohl sie doch zum himmlischen Hochzeitsmahl eingeladen sind. Ist es denn so wenig wert? Ist den Menschen sein Vater im Himmel so total unwichtig? Hat er ihnen so wenig zu bieten, dass sie ihn mit einer derartigen Verachtung begegnen?

Und dieser Jesus wird wütend, sogar ein wenig unbeherrscht und er drückt seine Wut über die Menschen in diesem Gleichnis aus. Daher kommen diese harten Bilder und Unverständlichkeiten zustande.

Mir gefällt dieser Jesus, der Gefühle von Freude, aber eben auch von Enttäuschung und Wut zeigen kann. Es geht ihm nicht darum alles gut zu finden und für alles noch ein gutes und trostreiches Wort zu finden. Manches ist ganz einfach zum Kotzen und dann darf es das auch sein. Aber damit seine Gefühle, sein Ärger, seine Wut und seine Betroffenheit bei den Menschen ankommen können, muss er sie sagen.

Mir gefällt dieser Jesus, der sich zeigt, weil er ehrlich mit den Menschen umgeht.
Mir gefällt dieser Jesus, weil er ausspricht, was ihm wichtig ist.
Mir gefällt dieser Jesus, weil er zeigt, dass Gefühle ganz unterschiedlicher Art zu uns Menschen dazugehören und das sie sein dürfen.
Mir gefällt dieser Jesus, weil er zeigt, dass wir das Recht haben auch unsere Gefühle zu zeigen.
Mir gefällt dieser Jesus, weil er den ganzen Menschen ernst nimmt, sich um ihn kümmert und sorgt.
Mir gefällt dieser Jesus, weil er mir damit Perspektiven und Handlungsmöglichkeiten eröffnet.

Somit stehen in dem Gleichnis die Menschen, die die Einladung ablehnen und weiter ihren Beschäftigungen nachgehen, für die satte Zufriedenheit und dafür, dass Menschen sich auf falsche Dinge verlassen und damit versuchen ihr Leben zu sichern.

Damals waren es die Schriftgelehrten und Pharisäer, die meinten, indem sie die Gesetze erfüllten sich schon einen Platz gesichert zu haben. Da kann ihnen eigentlich nichts passieren und Gott kann nicht anders als ihre Leistung zu belohnen.

Aber Gott ist keine Krämerseele und so bleibt die Frage an Menschen damals und an uns heute: Glauben wir wirklich Gott so für uns vereinnahmen zu können? Wo bleibt da die Freude des Himmelreichs? Wo bleibt die Barmherzigkeit, die auch Menschen an dem Mahl teilnehmen lässt, die nach ihren Maßstäben da nichts zu suchen haben?

Und es sind vor allem unsere gutbürgerlichen Maßstäbe von Leistung und anständigem Leben, die ein solches Denken fördern. Nicht nur damals.

Und dann sind da die Menschen, die unerwartet Platz finden, obwohl sie doch nun wohl auf einem solchen Fest nichts zu suchen haben. Die Menschen von der Straße, sogar die Menschen vor den Toren der Stadt. Es sind die Menschen, die nicht viel gelten. Im Bild des Gleichnisses bedeutet es, dass die Zusage des Reiches Gottes den Menschen, für die sie ursprünglich bestimmt war weggenommen und an andere weitergegeben wird.

Damals standen dafür Zöllner, Sünder und Heiden. Heute sind es vielleicht Menschen die spüren, dass in ihrem Leben nicht alles so einfach und glatt läuft. Menschen die spüren, es muss doch mehr geben als das, was ich mir von meinem Geld leisten kann. Menschen, die erfahren ich brauche die Gemeinschaft und Hilfe von anderen. Menschen, die aus der vollen Gemeinschaft unserer Kirche herausgefallen sind. Menschen die noch Fragen und Zweifel haben. Menschen, die hinter alle dem Unsinn auf unserer Welt noch einen Sinn suchen und auf einen Gott hoffen, der ihnen diesen Sinn geben kann.

Für diese Offenheit und für die Barmherzigkeit miteinander steht das königliche Hochzeitsgewand. So kann das Fest gelingen.

Ein Gleichnis mit Ecken und Kanten, weil es uns, sie und mich nicht einfach in Ruhe lässt oder ein paar nette und fromme Worte für die nächste Woche liefert. Ein Gleichnis, das uns herausfordert einmal genauer zu schauen, wo wir denn so stehen.

Aber auch ein Gleichnis, dass uns die Einladung zum himmlischen Hochzeitsmahl näher bringen will, weil diese Einladung Jesu heute an uns geht. Die Einladung zu einem Hochzeitsmahl, das die Enge unserer Vorstellungen und Maßstäbe sprengt und damit ganz Neues und Großartiges eröffnet.

Vertrauen finden

29. Sonntag im Jahreskreis Lesejahr A
Schrifttexte: Lesung: Jes. 45, 1.4-6 **Evangelium: Mt. 22, 15-21**

Liebe Mitchristinnen und Mitchristen,

Geld, - eine kleine Münze, Euro, DM, Dollar, Yen oder Dinar. Wie sehr beherrscht das Geld und seine Wertigkeit oder Sicherheit, ob als Spareinlage, Aktie, Investmentfond oder Zertifikat, unsere Schlagzeilen, aber auch unser Denken unser Tun und Sorgen? Was macht dieses bisschen Metall oder Papier mit uns? Wofür steht es in unserem Leben, für jeden einzelnen von uns?

Eine kleine Münze, um sie dreht es sich auch im heutigen Evangelium. Es scheint also zu dem zu passen was uns im Moment bewegt. Das Evangelium als Hinweis auf unsere derzeitige Finanzkrise?

Jesus gerät in eine Spannungssituation. Da sind auf der einen Seite die Pharisäer als Wächter des Glaubens, und auf der anderen Seite die Herodianer als Gruppe die für die staatliche Macht steht und eine enge Verbindung zu den Römern als damalige Herrschaftsmacht hält. Sie tun sich zusammen, wollen Jesus eine Falle stellen und wissen dabei wahrscheinlich genau, ganz gleich wie er sich entscheidet, an der einen oder anderen Stelle werden sie ihn auflaufen lassen können.

Spricht er sich fürs Steuerzahlen aus, werden die Pharisäer sagen, er stellt den Kaiser über Gott und so jemand will uns von Gott erzählen; spricht er sich gegen das Steuerzahlen aus, werden ihn die Herodianer als Aufwiegler beschimpfen, als jemand, der die staatliche Ordnung boykottiert und zum Widerstand aufruft. So jemand gehört ins Gefängnis.

Gott oder Kaiser, Glaube oder Geld scheinen hier die Gegensätze zu sein, an dem sich sein Wohl und Leben entscheidet. Wie geht Jesus damit um, wie entscheidet er sich?

Jesus lässt sich eine Geldmünze geben, lässt Pharisäer und Herodianer in ihren Geldsack fassen und zeigt damit beiden, dass sie dieses Geld ganz selbstverständlich nutzen.

Eine kleine Münze, an der auf einmal soviel hängt.

Und Jesus fragt weiter. Zieht damit seinen Kopf aus der Schlinge, die die Frommen und die Kaisertreuen um ihn gelegt hatten. Wessen Bild und Aufschrift steht auf der Münze? Anders gefragt: Wozu dient diese Münze? Wem gehört sie? Was macht ihr damit?

Jesus lehnt den Gebrauch und den Umgang mit Geld nicht ab. Es war damals nötig und ist heute nötig, damit wir in unserem Alltag fertig werden.

Aber damit ist die Geschichte noch nicht zu Ende. Im hebräisch-aramäischen Sprachgebrauch gibt es die Sprachregel, dass bei einer Aussage oder einem Vergleich die zweite Aussage die Pointe, das Wesentliche aussagt:
So gebt dem Kaiser, was dem Kaiser gehört
Und Gott, was Gott gehört.

Und hier meine ich, spannt das heutige Evangelium den Bogen zur derzeitigen Finanzkrise:
Was gibt meinem Leben Sinn und Ziel?
Woran mache ich im letzten mein Leben fest?
Woran hängt mein Herz?
Wer bin ich als Mensch?

Dort, wo Gewinnmaximierung und Profit das oberste Ziel meines Fühlens, Denkens und Strebens wird, ja wo der Wert eines Menschen sich an seinem Gehaltstreifen oder seinem Bankkonto misst, wo für ein gutes Geschäft fast alles getan und geopfert wird, dort werden vielleicht einige etwas gewinnen, die Mehrheit der Menschen und der Mensch in seinem Wesen, seinem Denken, Glauben und Fühlen bleiben auf der Strecke.

Hier brauchen wir neue Formen des Wirtschaftens und Arbeitens. Der reine Kapitalismus ist ebenso wenig ein Modell des Wirtschaftens wie die Staatwirtschaft des Sozialismus.

Und Gott was Gott gehört.
Euer Herz, euer Streben, euer Fühlen, eure Liebe gehören nicht dem Geld, denn es ist nur Werkzeug und nicht sinnstiftend. Leben in seiner ganzen Fülle in seinem ganzen möglichen Sinn, in seinem Streben über sich selbst hinaus bekommt ihr nur von Gott geschenkt.

Ihm vertraut, nicht dem Geld und nicht den Finanzmärkten.

Gott sieht uns anders

31. Sonntag im Jahreskreis Lesejahr C
Schrifttexte: **Lesung: Weish. 11, 22 - 12,2** Evangelium: Lk 19, 1-10

Liebe Mitchristinnen und Mitchristen,

es ist das erste vorchristliche Jahrhundert, wahrscheinlich die Zeit zwischen 80 und 30 vor Christus. Ein gesetzestreuer Jude schreibt in der jüdischen Diaspora, wahrscheinlich im ägyptischen Alexandrien, einem Zentrum der damaligen hellenistischen Welt, das Buch der Weisheit oder auch Weisheit Salomos wie sie in der griechischen Septuaginta heißt.

Für gläubige Juden keine ganz einfache Zeit in der sie leben. Sie werden verfolgt von Menschen, die ihren Glauben so nicht akzeptieren können und auch den Schutz, den ihnen die Weltmacht Rom zugestanden hat, wird für sie immer brüchiger.

In einer solchen Situation beginnt der Schreiber, oder vielleicht treffender der Beter über die Welt nach zu denken. Er trägt vor Gott, wie er ‚im Blick seines Glaubens, die Welt sieht. Er trägt vor Gott, wie er die Beziehung Gottes zu seiner Schöpfung sieht. Er trägt vor Gott, aus welchem Blickwinkel er die Vorgänge um ihn herum beurteilt. Er trägt vor Gott, wie er sich auch selber in dieser Welt empfindet.

Und da sehe ich eine deutlich andere Sichtweise, wie ich sie häufig in unserer Zeit erlebe. Ich sehe ebenso eine deutlich andere Umgangsweise mit der Welt und allem was in ihr geschieht wie sie Religionen, auch unsere christliche und katholische Religion häufig leben und verkünden.

Es sind vor allem zwei betend vorgetragene Sichtweisen unserer Welt und der Menschen die mich tief beeindruckt haben:

„Du liebst alles, was ist, und verabscheust nichts von allem, was du gemacht hast; hättest du etwas gehasst, so hättest du es nicht geschaffen."

Hier wird auch nicht die kleinste Unterscheidung zwischen gut und böse, zwischen richtig und falsch gemacht. Alles, was auf dieser Welt ist, wird von Gott geliebt, jeder Menschen, jedes Tier, die Schöpfung und das was Menschen mit und aus ihrem Leben machen.

Wir hingegen werten und beurteilen viel zu sehr. Das ist gut! Das ist schlecht! Dies böse und etwas anderes eine Sünde. Und wer dann einen anderen Glauben hat oder auch gar nicht glaubt ist auf keinen Fall o.K.

Etwas, was mich immer wieder traurig und häufig auch wütend macht, ist das Menschen klein gemacht werden und verkümmern, weil ihnen etwas als schlecht oder böse eingeredet wird oder sie selber als schlecht oder böse, oder religiös gesprochen, als sündig bezeichnet werden. Um wie viel Lebensmöglichkeiten, um wie viel Glück und Freiheit sind Menschen hier gerade auch von religiösen Institutionen betrogen worden. Es spiegelt sich in dem Satz wieder, den ich auch immer wieder von älteren Menschen höre. „Was hat uns die Kirche auch häufig für dumm verkauft und zugemutet. Was sind wir auch von der Kirche betrogen worden."

Dagegen steht die Botschaft des Beters und Schreibers im Buch der Weisheit: Du liebst alles was ist und verabscheust nichts von allem, was du gemacht hast.
Und weiter heißt es: Du schonst alles, weil es dein Eigentum ist, Herr, du Freund des Lebens; denn in allem ist dein unvergänglicher Geist.

Das ist ungeheuer: In allem was ist, ist Gottes unvergänglicher Geist. Wir alle, sie und ich, die Menschen die wir mögen und die, die wir nicht mögen, die Menschen in unserer Nähe und die Menschen die weit weg sind, die Menschen, die wir verstehen und die, die wir nicht verstehen, in ihnen allen wirkt Gottes unvergänglicher Geist. Und dies gilt für die ganze Schöpfung. So groß denkt der Beter und Schreiber von Gott, so groß denkt Gott von jedem Menschen, so sehr möchte Gott unser Glück und möchte nicht, das wir uns klein, minderwertig oder schlecht fühlen. Als Freund des Lebens will er, dass wir mit Freude leben können, sie und ich.

Deshalb sieht Jesus Zachäus in seinem Baum und eröffnet ihm durch seine Gegenwart und die Achtung und Liebe die er ihm entgegenbringt neue Möglichkeiten sein Leben zu leben. So geht Gott mit unseren Fehlern oder religiös gesprochen, unseren Sünden um.

So möchte ich an Gott glauben und von im sprechen können.

Hass überwinden

32. Sonntag im Jahreskreis Lesejahr C
Schrifttexte: **Lesung: 2. Mak. 7.1-2.7a.9-14** Evangelium: Lk 20, 27-38

Liebe Mitchristinnen und Mitchristen,

ich finde die kurze Beschreibung aus dem Buch der Makkabäer in der heutigen Lesung nur schwer auszuhalten.

Sieben Brüder werden festgenommen und einer nach dem anderen wird bestialisch hingerichtet. In der ungekürzten biblischen Fassung werden die Hinrichtungen genau beschrieben und es werden alle sieben Brüder, einer nach dem anderen hingerichtet. König Antiochos IV, ist König der Seleukiden. Die Seleukiden beherrschen Palästina von ca. 312 bis zur Beginn der Römerherrschaft 64 v. Chr.

Ich finde die Erzählung nur schwer auszuhalten, weil die gleiche unbeherrschte und unbeherrschbare Gewalt beschrieben ist, die ich auch heute erlebe. Männer und Frauen werden im Irak verschleppt, misshandelt und grausam hingerichtet. Als Begründung wird ein Gemisch aus religiösen und politischen Gründen angeführt. Städte werden bombardiert, weil man vermeintliche Kämpfer vermutet und die Zivilbevölkerung, Männer, Frauen und Kinder werden Opfer. Wie viel Gewalt und Hass wird gesät, wenn Kinder nur Gewalt erleben, wenn sie Geschwister, Eltern und Freunde sterben sehen, wenn Väter und Mütter den willkürlichen Tod ihrer Kinder miterleben müssen. Eine Saat, die aufgeht und wieder Gewalt, Terror und Hass verursacht.

Ich mag diese Bilder kaum noch sehen, möchte wegschauen, weil ich sie nicht zum aushalten finde, die leidenden Menschen sehe und mich machtlos fühle etwas daran zu verändern. Und doch, ich spüre auch immer wieder, wegschauen und ignorieren geht nicht, auch wenn ich nichts tun kann, es sind Bilder aus einer realen Welt, in der auch ich lebe und meine Kinder leben, in der auch jetzt und später Menschen fragen, habt ihr denn nichts davon gewusst.

Besonders ältere Menschen höre ich dann auch verzweifelt fragen: werden wir Menschen denn niemals klüger? Darauf zu antworten empfinde ich fast als Blasphemie und gleichzeitig spüre ich die damit verbundene Ohnmacht.

Doch welche Antwort habe ich, haben wir als Christinnen und Christen heute zu bieten?

Eine erste heißt sicherlich, wir haben dem Glauben und den Überzeugungen anderer Menschen respektvoll zu begegnen. Jeder Glaube jede Überzeugung kann nur glaubwürdig sein, solange sie auf Gewalt verzichtet. Jede Überzeugung oder Veränderung eines Menschen kann nur so geschehen, das wir ihn achten und unseren Glauben und unsere Überzeugung als Möglichkeit eines sinnvollen, von Gott geschenkten Lebens anbieten. Das II. Vatikanische Konzil hat eindeutig definiert, das auch in anderen Religionen Wahrheit steckt. Und ein Weiteres: Der Friede auf dieser Erde hat immer auch mit Gerechtigkeit zu tun. Das bedeutet, eine Welt wird nur dann wirklich friedlich sein können, wenn wir für soziale Gerechtigkeit und Interessensausgleich sorgen.

Und ich glaube es gehört auch dazu, dass wir als Christinnen und Christen glauben dürfen, dass unser Leben mehr ist als die Jahre auf dieser Erde. Daraus kann uns ein anderer Umgang mit unserem Leben erwachsen, weil wir erfahren, das Leben ist mehr, als das, was wir uns auf dieser Erde, notfalls auf Teufel komm raus, leisten können, weil wir erfahren, es gibt einen neuen Himmel und eine neu Erde, die uns zugesagt sind und die uns anspornen unsere Erde und unseren Himmel hier und jetzt menschenfreundlicher zu gestalten.

Der atheistische Philosoph Theodor Adorno schreibt: „Es muss einen Ort geben, an dem der Mörder nicht über das unschuldige Opfer triumphiert." Hier verweist jemand, der zunächst nicht an die Auferstehungsbotschaft zu glauben scheint, an einen jenseitigen Ort und verbindet das Leben auf der Erde mit einem Leben in dem, was wir als Christen Himmel nennen und in dem eine von Gott geschaffene Gerechtigkeit besteht.

Zur Zeit als das Buch der Lesung, das Buch der Makkabäer entstand, im zweiten vorchristlichen Jahrhundert, entwickelt sich in Israel aus gläubiger Reflexion heraus der Glaube an die Auferstehung. Die jungen Männer erfahren dadurch Kraft ihr Leiden auszuhalten und nicht zu neuer Gewalt aufzufordern, um den brutalen Mord zu rächen.

Jesus nennt im Evangelium Gott einen Gott der Lebenden nicht der Toten. Darum bleiben die täglichen Bilder der Tagesschau immer noch schwer auszuhalten, doch gibt uns unser Glaube vielleicht die Kraft sie nicht einfach nur hinzunehmen.

Der andere König

Christkönigssonntag Lesejahr C
Schrifttexte: Lesung: 2. Kol 1, 12-20 Evangelium: Lk 23, 35-43

Liebe Mitchristinnen und Mitchristen,

was erwarten wir von einer Königin oder einem König?
In vielen Ländern um uns herum gibt es noch Könighäuser, Niederlande, Belgien und Luxemburg, Großbritannien, Schweden, Norwegen und Dänemark, Spanien... Sie füllen die Seiten einschlägiger Zeitschriften. Menschen nehmen Anteil an ihnen, an dem was gut läuft und sie leiden mit, wenn etwas schief geht. Wie viel Menschen haben in diesem Jahr die Hochzeit von Prinz William und Kate Middelton verfolgt.

Was erwarten wir von einem König?
Etwas möchten Menschen von seinem Glanz abbekommen. Ein Gefühl dafür bekommen, was es heißt wie ein König, wie eine Prinzessin leben zu können, Glanz und Schönheit um sich sammeln zu dürfen, den alltäglichen Sorgen zu entfliehen, um sorgenfrei die Annehmlichkeiten des Lebens zu genießen.

Was erwarten wir von einem König?
In einem Gespräch sagte mir jemand, dass er sich immer sehr gern Übertragungen aus dem englischen Königshaus und insbesondere die Parlamentseröffnung in London anschaut, wenn die englische Königin in einer Kutsche, begleitet von ihrer Leibwache ins Oberhaus einzieht.

Ich bin ganz ehrlich. Ganz verstanden habe ich dass nicht. Ich bin froh in einer Republik zu leben und ganz besonders froh bin ich, dass Könige nicht mehr das Sagen haben und wir heute wählen können wer uns regiert. Ich brauche auch keine Idole oder Vorbilder, weder im Sport, noch sagen mir Größen im Musik- oder Showgeschäft etwas. Meine Entscheidungen möchte ich selber treffen und meinen Lebensstil möchte ich selber bestimmen. Da helfen mir kein König, keine Queen, keine Queen of Pop, kein Günter Jauch und auch sonst niemand.

Und dennoch scheint etwas dran zu sein, an dem Bild von einem König, scheinen Menschen etwas von einem König zu erwarten.
Frieden?
Gerechtigkeit?
Wohlergehen für alle Menschen?
Sicherheit?
Jemand der leitet und Verantwortung übernimmt?
Jemand der im guten Sinne repräsentiert und für uns einsteht?

Ist je ein König, ist je ein Mensch diesem Anspruch und dieser Sehnsucht gerecht geworden? Helfen Macht, Armeen und Pomp, diesem Anspruch gerecht zu werden?

Es sind diese vier kleinen Buchstaben, angebracht über einem Kreuz, die die Welt und das was auf ihr geschieht in einem anderen Licht erscheinen lassen.

I-N-R-I

Für einen solchen König haben Menschen nur Spott über. „Anderen hat er geholfen…“. Niemand ist da, der sich nach einem solchen König sehnt oder etwas von ihm erwartet.

Nicht der Wein ist das königliche Getränk für diesen König sondern Essig. Sogar der Verbrecher am Kreuz treibt seinen Spott mit ihm.

Doch, wie um den Beweis für die Bedeutung dieses anderen Königtums anzutreten, wendet sich die Szene, zeigt uns der Evangelist Lukas was es mit diesem König auf sich hat.

Der Verbrecher, der die schmählichste aller Strafen erhält, der sicherlich einiges auf dem Gewissen hat, der wahrscheinlich viel getan hat um der Strafe zu entgehen, er sieht diesen Jesus ganz anders, weißt uns hin auf ein Königtum, das ganz anders wirkt.

Er steht zu sich. Er steht zu seiner Schuld. Beschönigt und verteidigt nicht mehr. Kann sich fallenlassen und sich Gott zuwenden.
Und er hofft, dass es auch für jemand wie ihn noch eine Hoffnung gibt.
„Denk an mich, wenn Du mit deiner Königsmacht kommst“.
Und Jesus sagt ihm, dem Verbrecher, nicht den vermeintlich Gerechten: Heute noch wirst du mit mir im Paradies sein.

Das ist das Königtum Gottes und so zeigt sich der Herr der Welt.
Nicht wir müssen gut und gerecht sein, heil um es theologisch zu sagen, nein, er Gott ist es, der durch Jesus Christus heil macht.
Nicht wir müssen Ansehen haben, nein Gott ist es, der uns durch das so andere Königtum Jesu Christi Ansehen gibt.
Nicht Glanz und Reichtum geben unserem Leben Sinn und Erfüllung, sondern Gott schenkt uns in Jesus Christus, der unser Bruder und Freund wurde, wirkliches erfülltes und gutes Leben.
Nicht Macht und ein König, der uns sagt wo es lang geht geben unserem Leben die Richtung, sondern Gott, der uns in Jesus Christus fähig macht Verantwortung in unserem und für unser Leben zu übernehmen.
Kein falscher Glanz, aber eine Hoffnung, die unser Leben trägt.

Er hat das letzte Wort

Allerheiligen
Schrifttexte: Lesung: Joh. 3, 1-3 Evangelium: Mt. 5, 1-12a

Liebe Mitchristinnen und Mitchristen,

an Tagen wie heute, am Fest Allerheiligen oder auch Allerseelen, im Krankenhaus oder während eines Ganges zum Friedhof stellt sich für jeden unausweichlich auch die Frage: Was ist meine Zukunft? Häufig verdrängt, erfolgreich verdrängt und doch immer wieder da.

Gerade bei einer menschlichen Grenzerfahrung, wie dem plötzlichen Tod eines Menschen, da wo Menschen ins Leere greifen, da wo Menschen in eine Lücke stoßen, da wo jemand nicht mehr spricht, der bis dahin Antwort gab, wird diese Frage radikal gestellt: Was ist meine Zukunft?

Oder bei der Nachricht über eine schwere Krankheit, die nicht mehr heilbar ist, die das Leben radikal verändert oder unausweichlich zum Tode führt ist sie da die Frage: Was ist meine Zukunft?

Wenn wir nicht existentiell betroffen sind, können wir es uns leicht machen mit der Frage nach der Zukunft unseres Lebens, aber wenn nicht?

Es ist gut, das in Situationen in denen wir mit dem Tod und der Frage nach unserer Zukunft beschäftigt sind, Menschen da sind, einfach da sind, die durch ihr Tun, Reden oder Schweigen mitgehen einfach mitgehen?

Woher nehmen sie dazu die Kraft und Motivation, woher nehmen wir unsere Kraft um der Frage nach unserer Zukunft standzuhalten.

Sicherlich aus unserer Menschlichkeit, als Menschen die sehen, hören, fühlen. Und dann, ebenso und noch darüber hinaus, aus der christlichen Botschaft, unserem christlichen Glauben heraus. Denn unser Glaube greift die urmenschliche Frage nach der Zukunft und dem Sinn des Lebens auf und beantwortet sie mit der Botschaft der Hoffnung die unsere menschliche Erfahrung und Hoffnung um Welten übersteigt.

Unter den Toten gibt es einen, der in unserer Menschheitsgeschichte, wie in einem Blitzlicht aufleuchten ließ, was ein Mensch ist:
Einer, der etwas ahnen ließ von einer vollen, heilen, menschlichen Würde und Freiheit.

Einer, der eine heilende Ausstrahlung auf andere hatte.
Einer, der sich ganz den Menschen zuwandte und ihnen doch ihre Freiheit ließ.
Einer, der den Menschen das schenkte und vermittelte, was göttlich ist: heilen, Sünden vergeben und Tote erwecken.
Einer, zu dem die Menschen mit ihren Fragen und Erfahrungen kommen mochten.
Dieser eine, in unserer Welt ein Gescheiteter, der am Kreuz starb – dieser eine ist von Gott auferweckt worden.
Er sagt von sich: „Ich bin der Weg, die Wahrheit und das Leben."

Auferweckt, das heißt, das in diesem Jesus auch unsere Wünsche als Menschen nach Leben, als Sehnsucht nach Zukunft, alles unabgegoltene Leid, die Träume von einem Leben, das unseren irdischen Rahmen sprengt, nicht einfach tot und nichtig sind, sondern leben.

Das heißt doch, dass wir gerade in unseren Grenzerfahrungen von Krankheit und Tod Gott als unseren Begleiter haben.

Das heißt dann auch, das alles, wofür Menschen gelebt und gelitten haben, mit ihnen nicht gestorben, nicht vorbei und nicht tot ist, und damit nicht umsonst war!

Wenn wir nur soviel spüren, das die Worte aus dem Römerbrief –„weder Tod noch Leben,... weder Gegenwärtiges noch Zukünftiges, können uns scheiden von der Liebe Gottes", kein Appell sind, sondern uns deutlich wird, unsere Toten haben bei Gott eine unbegrenzte Zukunft, und wir selber dürfen darauf vertrauen mit diesem Gott, der den Tod überwunden hat, haben wir eine Zukunft.

MIX
Papier aus verantwortungsvollen Quellen
Paper from responsible sources
FSC® C105338

Printed by Books on Demand GmbH, Norderstedt / Germany